Das Buch

»Es war ein toller Fight und ist es noch.« Bukowski ist älter geworden, hat die Gosse verlassen und geheiratet, wohnt im eigenen Bungalow. »Ein Bukowski voller Altersweisheit? In vielen seiner neuen Gedichte sucht er leisere Töne«, schreibt Katrin Ammon in der ›Frankfurter Allgemeinen Zeitung‹, »er blickt zurück, erinnert sich, läßt sein Leben Revue passieren in kraftvollen, mitunter ein wenig melancholischen Abgesängen auf ›eine der herrlichsten Zeiten meines Lebens‹.« Wie auch immer, er kann wie bisher knurren und beißen, und er kämpft und schreibt und säuft weiter.

Der Autor

Charles Bukowski, am 16. August 1920 in Andernach geboren, seit dem 2. Lebensjahr Einwohner von Los Angeles, begann nach wechselnden Jobs als Tankwart, Schlachthof- und Hafenarbeiter und natürlich Postmann zu schreiben. Einige Werke: ›Das ausbruchsichere Paradies. Stories vom verschütteten Leben‹ (dt. 1973), ›Der Mann mit der Ledertasche‹ (dt. 1974), ›Kaputt in Hollywood – und andere Stories vom täglichen Wahnsinn‹ (dt. 1976), ›Faktotum‹ (dt. 1977), ›Western Avenue‹ (dt. 1979), ›Das Schlimmste kommt noch oder Fast eine Jugend‹ (dt. 1983), ›Das Leben und Sterben im Uncle Sam Hotel‹, ›Hollywood‹ (1990), ›Jeder zahlt drauf‹ (1993).

W0180724

Charles Bukowski:
Roter Mercedes
Gedichte

Deutsch von Carl Weissner

Deutscher
Taschenbuch
Verlag

Januar 1994
2. Auflage März 1995
Deutscher Taschenbuch Verlag GmbH & Co. KG,
München
© 1986 Charles Bukowski
Titel der amerikanischen Originalausgabe:
›You Get So Alone at Times that It Just Makes Sense‹
Auswahl und Übersetzung von Carl Weissner
© 1989 der deutschsprachigen Ausgabe:
Verlag Kiepenheuer & Witsch, Köln
ISBN 3-462-01953-8
Umschlagtypographie: Celestino Piatti
Umschlagbild: Henning Wagenbreth
Gesamtherstellung: C. H. Beck'sche Buchdruckerei,
Nördlingen
Printed in Germany · ISBN 3-423-11780-X

Inhalt

Für Jeff Copland

Roter Mercedes

Natürlich, jeder hat mal
schlechte Laune, es hat zu tun
mit einer Verschiebung des
chemischen Gleichgewichts
und einer Existenz
die uns manchmal, wie es
scheint, jede Aussicht
auf Glück
verbaut.

Ich hatte schlechte Laune
als sich vor dem Parkplatz der
Rennbahn dieser reiche Sack
mit seiner dumpfen Inamorata
in einem roten Mercedes
vor mir rein-
drängelte.

Jäh zuckte es mir
durch den Kopf:
Den Wichser zerr ich
aus seinem Wagen und
mach ihn
fertig!

Ich fuhr ihm nach
zum Parkservice
hielt hinter ihm
sprang aus meinem
Auto, rannte zu seiner
Fahrertür und zog
daran.

Sie war
verriegelt.
Die Fenster
waren hoch-
gekurbelt.

Ich hämmerte an
sein Fenster:
»Mach auf! Ich
ramponier dir
den Arsch!«

Er saß einfach da
und schaute geradeaus.
Seine Freundin
tat dasselbe.
Sie wollten mich stur
ignorieren.

Er war 30 Jahre
jünger als ich
aber ich wußte
daß ich ihn schaffen
konnte. Er war
schlapp und
verwöhnt.

Ich drosch mit der
Faust ans Fenster:
»Steig aus, du Arschloch,
oder ich schlag die
Scheibe ein!«
Er nickte seiner
Freundin kurz
zu.

Ich sah
wie sie das
Handschuhfach
öffnete und
ihm die Kaliber-32
zuschob.

Ich sah
wie er die
Waffe nach unten
hielt und
entsicherte.

Ich drehte mich um
und ging in Richtung
Klubhaus. Die Rennen
die sie an diesem Tag
auf dem Programm hatten
sahen verdammt
gut aus.

Ich brauchte nur noch
da zu sein.

Ein verhinderter Rentner

Schweinskoteletts, sagte mein Vater, ich liebe
Schweinskoteletts!

Und ich sah ihm zu, wie er sich das fettige
Zeug in den Mund schob.

Pfannkuchen, sagte er, Pfannkuchen mit
Sirup, Butter und Schinken!

Ich sah, wie seine dicken Lippen
davon glänzten.

Kaffee, sagte er, ich mag den Kaffee so heiß
daß er mir die Kehle verbrennt!

Manchmal war der Kaffee zu heiß, und er
spie ihn über den ganzen Tisch.

Kartoffelbrei mit Soße, sagte er, ich
liebe Kartoffelbrei mit Soße!

Er schaufelte es sich rein, und seine Backen
quollen auf, als hätte er Mumps.

Chili und Bohnen, sagte er, ich liebe Chili
und Bohnen!

Er schlang es runter, ließ stundenlang
laute Fürze und grinste nach jedem.

Erdbeerkuchen, sagte er, mit Vanille-
eis, das nenn ich einen Nachtisch!

Er sprach dauernd vom Ruhestand
und was er alles tun wird, wenn er
mal in Rente geht.
Wenn er nicht vom Essen sprach
dann faselte er unaufhörlich vom
Ruhestand.

Er schaffte es nicht bis zum Ruhestand.
Er starb, als er sich eines Tages an der
Küchenspüle ein Glas Wasser holte.
Er zuckte zusammen, als hätte ihn
eine Kugel getroffen, das Glas
fiel ihm aus der Hand, er kippte
um, landete platt auf dem Rücken
und sein Schlips verrutschte nach links.

Hinterher sagten sie
sie könnten es nicht fassen
er hätte kerngesund gewirkt.
Distinguierte weiße Koteletten,
Packung Zigaretten in der
Hemdtasche, immer einen Witz
parat, vielleicht ein bißchen laut,
vielleicht ein wenig zum
Jähzorn neigend, aber
alles in allem
anscheinend ein ganz
vernünftiger Mensch
der an seinem Arbeitsplatz
nie einen Tag fehlte.

Beschäftigungstherapie

An diesem schwülen Morgen klatscht
der Hades in seine Herpes-
hände und aus dem Radio
singt mich eine Frau an
ihre Stimme windet sich durch
den Rauch und den Weindunst ...

Es ist einsam, singt sie, und du
bist nicht mein, es macht mich so traurig
mit mir allein zu sein ...

Ich höre Autos auf dem Freeway
es ist, als wäre es ein ferner Ozean
proppenvoll mit Menschen
und weiter drüben in der 7th Street
Nähe Western Avenue
ist das Hospital, das Haus der Agonie –
Laken und Bettpfannen und Arme und
Köpfe und ausgehauchtes Leben.
Alles so reizend und schauderhaft,
so unaufhörlich, die Kunst des Geschicks
das sich erfüllt: Leben, das
Leben verzehrt ...
In einem Traum sah ich mal eine
Schlange, die ihren eigenen
Schwanz verschluckte. Sie schlang
und schluckte, bis sie halb herum war,
dann hörte sie auf und blieb so,
gestopft mit sich selbst.
Schon prekär, so was.
Wir haben nur
uns selbst. Das
reicht auch ...

Ich gehe nach unten, um noch
eine Flasche zu holen
ich stelle das Kabelfernsehen
an, da ist Greg Peck und mimt
F. Scott Fitzgerald, er ist
ganz aufgeregt und liest seiner
Freundin aus seinem Manuskript vor.
Ich schalte wieder
aus. Was ist das bloß
für ein Schriftsteller, der
einer Frau sein Zeug vorliest?
Das tut ja weh ...

Ich gehe wieder rauf, und meine
beiden Katzen folgen mir, es sind
prächtige Kerle, wir sind immer
zufrieden miteinander, wir haben nie
Streit, wir hören uns dieselbe Musik an
und gehn zu keiner Präsidentenwahl.
Der große Kater springt auf die
Rückenlehne meines Sessels und
reibt sich an meiner Schulter
und meinem Nacken.

»Nützt nichts«, sage ich ihm. »Ich
les dir dieses Gedicht
nicht vor.«

Er springt runter, läuft raus
auf den Balkon, und sein Kumpel
folgt ihm.
Sie sitzen da und schauen
in die Nacht. Hier haben wir
die Macht der Vernunft.

An diesem frühen Morgen, wenn fast
alle schlafen, kommen kleine

nächtliche Insekten rein, geflügelte
Wesen, die kreisen und surren; die
Schreibmaschine brummt ihr elektrisches
Summen, und nachdem ich die Flasche
geöffnet und einen Schluck probiert habe
tippe ich die nächste Zeile.
Du kannst es deiner Freundin vorlesen
und sie wird dir wahrscheinlich sagen
daß es Quatsch ist. Sie liest gerade
Zärtlich ist die Nacht.

Das Unmögliche

Van Gogh bittet seinen Bruder um Farbe
Hemingway testet seine Schrotflinte an sich selber
Céline geht als Arzt pleite
die Unmöglichkeit, Mensch zu sein
Villon als Dieb aus Paris verbannt
Faulkner betrunken in den Gossen seiner Stadt
die Unmöglichkeit, Mensch zu sein
Burroughs erschießt seine Frau
Mailer sticht auf seine mit dem Messer ein
die Unmöglichkeit, Mensch zu sein
Maupassant wird wahnsinnig in einem Ruderboot
Dostojewski wird an die Wand gestellt
Crane spingt vom Heck in die Schiffsschraube rein
die Unmöglichkeit
Sylvia, den Kopf im Gasherd wie eine gebackene
    Kartoffel
Harry Crosby springt in die Schwarze Sonne
Lorca von spanischen Soldaten auf der Straße ermordet
die Unmöglichkeit
Artaud auf einer Bank in einem Irrenhaus
Chatterton trinkt Rattengift
Shakespeare ein Plagiator
Beethoven mit einem Hörrohr im Ohr
die Unmöglichkeit die Unmöglichkeit
Nietzsche unheilbar verrückt
die Unmöglichkeit, Mensch zu sein
allzu menschlich
dieses Atmen
ein und aus
aus und ein
diese verkrachten
Existenzen

diese Feiglinge
diese Champions
diese glorreichen
verrückten Hunde
die das Unmögliche tun
und uns diesen
schmalen Hoffnungs-
schimmer erhalten.

Mäzene

Ich habe gerade ein Buch über eine reiche
literarisch interessierte Lady und ihren
Mann gelesen, die sich in den zwanziger Jahren
quer durch Europa schlemmten und eine
Party nach der anderen gaben
sie trafen Pound, Picasso, A. Huxley,
Lawrence, Joyce, F. Scott, Hemingway und
viele andere
die Berühmten waren für sie wie kostbare
Puppen
und in dem Buch liest es sich so
daß die Berühmten es gern mit sich
geschehen ließen.
Während der ganzen Lektüre wartete ich
darauf, daß wenigstens *einer* der Berühmten
diesem reichen literaturbeflissenen Ehepaar
sagt, sie sollen verschwinden
aber anscheinend hat es nie einer getan.
Statt dessen wurden sie fotografiert
mit der Lady und ihrem Mann
in verschiedenen Badeorten
wo sie intelligent dreinsahen
als gehörte das alles zum Schaffen
von Kunst.
Vielleicht hatte der Umstand, daß
das Ehepaar einen mondänen kleinen
Verlag betrieb, etwas damit zu tun.
Sie posierten alle zusammen
für Gruppenfotos bei Parties
oder vor der Buchhandlung von
Sylvia Beach.
Es ist wahr, die meisten von ihnen

waren große oder wenigstens originelle
Künstler, doch es macht alles
so einen snobistischen, prätentiösen
Eindruck.
Der Ehemann machte schließlich
seinen angedrohten Selbstmord wahr
und die Lady druckte eine meiner ersten
Kurzgeschichten in den vierziger
Jahren und ist inzwischen tot
aber ich kann den beiden
ihr reiches dummes Leben
nicht verzeihen, und ihren
kostbaren Puppen verzeihe ich nicht
daß sie sich dazu
machen ließen.

Das hilft alles nichts

Es gibt einen Ort im Herzen
der sich nie ausfüllen läßt

einen Raum

und selbst in den
besten Augenblicken
und den herrlichsten
Zeiten

werden wir es wissen

mehr denn je
werden wir es
wissen:

es gibt einen Ort im Herzen
der sich nie ausfüllen läßt

und

wir werden
warten und
warten

in diesem
Raum.

Nichtsnutz

Mein Vater hatte kleine Sinnsprüche
die er meistens beim Abendessen
zum besten gab. Essen erinnerte ihn
immer ans Überleben.
»Pack es oder pack ein . . .«
»Die erste Amsel kriegt den Wurm . . .«
»Früh zu Bett und früh aus den Federn (usw.) . . .«
»Wer will, kann es in Amerika immer
zu was bringen . . .«
»Wer sich selbst hilft, dem (usw.) . . .«

Ich hatte keine Ahnung, wen er damit
ansprechen wollte. Für mich war er
ein hirnrissiges, stupides Scheusal
doch meine Mutter schaltete sich
bei diesen Sitzungen immer wieder
mit der Mahnung ein: »Henry, *hör*
auf deinen Vater.«

In dem Alter hatte ich
keine Wahl
doch während ich das Essen und
seine Sprüche runterschluckte
verging mir der Appetit und
meine Verdauung streikte.

Mir schien, daß kein Mensch auf der
Welt meinem Glück so im Weg stand
wie mein Vater
und es sah so aus
als hätte ich auf ihn
die gleiche Wirkung.

»Du bist ein *Nichtsnutz*«
sagte er zu mir, »und du wirst
immer einer *bleiben!*«
und ich dachte: Wenn ein Nichtsnutz
das Gegenteil von diesem
Mistkerl ist, dann
will ich genau das
sein.

Schade, daß er schon so lange
tot ist und nicht mehr
sehen kann, wie gut ich
damit gefahren bin.

Bildung

In der kleinen Schulbank
mit dem Tintenfaß
hatte ich ein Problem
mit den Wörtern
»sing« und »sign«.
Ich weiß nicht
warum, aber
»sing« und »sign«
das fiel mir
schwer.

Die anderen machten weiter
und lernten neue Sachen.
Ich saß da und dachte nach
über »sing« und »sign«.
Irgendwas daran
blockierte mich.

Ich bekam Bauchweh davon
während ich dasaß und die
Hinterköpfe der anderen
anstarrte.

Die Lehrerin hatte ein
sehr strenges Gesicht
mit einem spitzen Kinn
und einer dicken weißen
Puderschicht.

Eines Nachmittags
ließ sie meine Mutter
kommen.

Ich saß dabei
als sie sich im
Klassenzimmer
unterhielten.

»Er lernt nichts«,
sagte die Lehrerin
zu meiner Mutter.

»Bitte, geben Sie ihm
eine Chance, Mrs. Sims!«

»Er gibt sich keine
Mühe, Mrs. Chinaski!«

Meine Mutter fing an
zu weinen.

Mrs. Sims saß da
und sah ihr zu.

Es dauerte einige
Minuten.

Dann sagte Mrs. Sims:
»Na, wir werden sehen
was wir tun können ...«

Und dann ging ich
draußen vor der Schule
neben meiner Mutter her.
Überall grüner Rasen.
Als wir auf dem
Bürgersteig waren
sagte meine Mutter:

»Ach Henry, dein Vater ist
so enttäuscht von dir
ich weiß gar nicht
was wir noch machen sollen!«

Vater, sagte eine Stimme
in meinem Kopf, Vater und
Vater und Vater.

Nichts als Worte.

Ich beschloß
überhaupt nichts
in dieser Schule
zu lernen.

Meine Mutter ging
neben mir her, sie
existierte kaum, und
ich hatte Bauchweh
und selbst die Bäume
unter denen wir gingen
schienen kaum noch
Bäume zu sein
und mehr wie
alles andere.

Downtown L. A.

Um 3 Uhr früh wirfst du deinen Schuh
durchs Zimmer und das Fenster splittert
du steckst den Kopf durch die gezackte Öffnung
und lachst, da schrillt das Telefon
jemand stößt amtliche Drohungen aus
die du mit Flüchen quittierst, du knallst
den Hörer auf die Gabel und die Frau
schreit: »SCHEISSE, WAS MACHST DU DENN,
DU ARSCH!«

Höhnisch grinsend siehst du sie an. Was
soll das? Du hast dich irgendwo geschnitten
es gefällt dir, dieses rote Tröpfeln
auf dein schmutziges zerrissenes Unterhemd
der Whisky röhrt in dir, du fühlst dich
unbesiegbar: du bist jung, du bist stark
die Welt ist seit Jahrhunderten vermiet
von Menschheit

aber du bist auf Kurs
es ist noch was zu trinken da
es ist gut, es ist eine dramatische Farce
und du kannst es meistern mit Verve
Stil, Eleganz und mystischem
Sendungsbewußtsein.

Wieder ein Hotelbesäufnis – Gott sei Dank für
Hotels und Whisky und die Damen
von der Straße!

»Werd ja nicht frech, du Flittchen!« drohst du
ihr. »Du halbe Portion! Ich bin

der härteste Typ in der Stadt, du weißt
anscheinend nicht, wen du hier
vor dir hast!«

Sie sieht mich an, als würde sie's fast
glauben, Zigarette im Mundwinkel, halb kirre,
verhärtet, verängstigt ... sie sucht einen
Ausweg, man hat sie geneppt, genommen,
gedemütigt, benutzt, abgenutzt ...

Doch unter alledem ist sie für mich eine
Blume, ich sehe sie wie sie war
bevor die Lügen sie ruinierten:
ihre eigenen und die der anderen.

Für mich ist sie wieder neu, unbelastet,
und ich bin es auch: Wir beide
haben eine Chance.

Ich gehe zu ihr hin und gieß ihr
nochmal nach: »Du hast Klasse, Puppe,
du bist nicht wie die anderen ...«

Das gefällt ihr, und es gefällt auch mir
denn man muß es nur glauben, dann
wird es auch echt und wahr.

Ich sitz ihr gegenüber, während sie mir
von ihrem Leben erzählt, ich gieß ihr nach
ich zünde ihr die Zigaretten an, ich höre zu
und die Stadt der Engel hört zu:
Sie hat eine Menge durchgemacht.

Ich werde sentimental und beschließe
sie nicht zu ficken – ein Mann mehr
wird ihr nicht helfen, und mir ist

eine Frau mehr nicht so wichtig.
Außerdem sieht sie auch nicht
so gut aus.

Eigentlich ist ihr Leben langweilig
und ganz alltäglich, aber das sind die
meisten; meines auch, außer wenn es
der Whisky beflügelt.

Sie kriegt einen Heulkrampf. Wirklich,
sie ist ganz nett. Und bejammernswert.
Sie will nur, was sie immer wollte
aber das entgleitet ihr immer mehr.

Sie hört auf zu schluchzen, wir
trinken und rauchen nur noch, es ist
friedlich – sie wird in dieser Nacht
ihre Ruhe vor mir haben ...

Ich versuche das Bett aus der Wandnische
zu klappen, es geht nicht, sie kommt her
und hilft, wir ziehen gemeinsam – plötzlich
klappt es auf uns runter, ein hartes
Ding, geistlos wie der Tod, sein Gewicht
drückt uns platt auf den Hintern, vor Schreck
schreien wir auf, dann müssen wir lachen,
wir lachen als hätten wir den Verstand
verloren.

Sie geht zuerst ins Badezimmer, dann ich,
dann legen wir uns lang und schlafen.
Mitten in der Nacht weckt mich etwas auf –
sie beugt sich da unten
über mich, hat ihn im Mund
und lutscht wie wild drauflos.

»Laß nur«, sage ich, »das
muß nicht sein.«

Sie macht weiter, bringt
es zu Ende ...

Am Morgen müssen wir unten am Portier
vorbei, er trägt eine massive Sonnenbrille
als säße er im Schatten eines Tarantel-Traums.
Er war da, als wir kamen, und er sitzt
jetzt noch da: in ewiger Dunkelheit.
Wir sind fast an der Tür
als er sagt:
»Kommen Sie bloß nicht wieder.«

Wir gehen zwei Blocks rauf, dann links,
an der nächsten Ecke nach Süden, und
in halber Höhe des Blocks
in Willie's Bar, wo wir uns die
beiden Barhocker genau in der
Mitte nehmen.

Wir bestellen erst mal Bier
sie sucht in ihrer Handtasche nach
Zigaretten, ich stehe auf
geh zur Musikbox, werfe eine Münze ein
komme zurück und setze mich wieder.

Sie hebt ihr Glas: »Das erste ist am
besten ...«
Ich hebe meines: »Und das letzte ...«

Draußen rauscht der Verkehr rauf und
runter, runter und rauf,
ein zielloses Geschiebe.

Noch ein Opfer

Der Kater wurde überfahren
jetzt hat er einen knallroten
Verband am rechten Hinterlauf
und eine silberne Schraube
hält die beiden Hälften des
Oberschenkelknochens zusammen.

Als ich mit ihm vom Tierarzt
nach Hause kam und ihn
einen Moment aus den Augen
ließ, rannte er los
schleifte sein rotes Bein nach
und jagte die Katze.

Das Schlimmste, was er
tun konnte, der Knilch.

Jetzt ist er eingesperrt
und schmort auf der
Strafbank.

Er ist genau wie
wir alle:

Mit großen gelben
Augen starrt er
in die Welt

und ist nur
auf das gute
Leben aus.

Das macht Beerdigungen so deprimierend

Er hat die besten Voraussetzungen
aber er ist faul, hat kein Feuer
die Weiber lähmen ihm die Sinne
die Emotionen, er will nur herum-
kutschieren in seinem mondänen Auto
dem er einmal im Monat eine
Politur verpassen läßt
er wirft seine Schuhe weg
sobald sie leicht angekratzt sind
aber
er hat die beste Rechte in
der Branche
und sein linker Haken kann einem Mann
den Brustkorb eindellen
falls ich ihn dazu kriege
nur hat er keinen Funken Phantasie
er rangiert unter den ersten zehn
aber es ist keine Musik dahinter.
Er macht gutes Geld
aber es wird ihm alles
zerrinnen
eines Tages wird er selbst das
wenige, das er jetzt tut,
nicht mehr bringen.
Seine Vorstellung von Sieg ist
möglichst vielen Damen den
Slip auszuziehen.
Darin
ist er Meister.
Und wenn du siehst, daß ich ihn
zwischen den Runden in seiner
Ecke anschreie, dann versuch ich

ihm einzuhämmern, daß es
JETZT darauf ankommt.
Er grinst mich nur an:
»Mensch, box *du* ihn doch, den
fiesen Hund . . .«

Du ahnst nicht, Vetter,
wie viele Männer
es könnten
aber einfach
nicht tun.

Mit dem Rücken zur Wand

Well, sie haben immer gesagt
daß es so enden würde:
Alt. Talent verpufft. Nach
Worten suchen –

die dräuenden
Schritte hören:
Ich schaue über die
Schulter nach hinten –

Noch nicht, alter Hund ...
Aber bald.

Jetzt
sitzen sie herum und
reden über mich:
»Ja, es ist passiert, er
ist am Ende ... es ist
traurig ...«

»Viel los hatte er ja
nie, oder?«

»Ja, schon, aber jetzt ...«

Jetzt
feiern sie meinen Niedergang
in Kneipen, die ich nicht mehr
frequentiere.

Jetzt
trinke ich allein
an dieser stockenden
Maschine.

Während die Schatten
Gestalt annehmen
kämpfe ich den zähen
Abwehrkampf.

Jetzt
da die Hoffnungen
von einst
versickern
versanden

Jetzt
zünde ich mir die
nächste Zigarette an
gieße mir noch einen
Drink ein –

es war ein toller
Fight

und ist es
noch.

Auf Trebe mit Jane

Es gab keinen Herd
also wärmten wir uns Bohnen-
konserven in heißem Wasser
im Waschbecken auf
und die Sonntagszeitungen
lasen wir montags – da
fischten wir sie aus den
Mülltonnen
doch irgendwie bekamen wir
das Geld zusammen
für Wein und
die Miete
das Geld kam von den
Straßen
aus Pfandhäusern
aus dem Nichts
uns ging es nur um
die nächste
Flasche
und wir tranken und sangen
und hatten Kräche
Nächte in Ausnüchterungs-
zellen
Autounfälle
Krankenhaus-
aufenthalte
wir verbarrikadierten uns
gegen die Polizei
die anderen Mieter
haßten uns
und der Hotelportier
hatte Angst vor uns

und so ging es
weiter und
weiter
und es war eine der
herrlichsten Zeiten
meines Lebens.

Lausiger Abend in Las Vegas

Also schau, sagte sie und rekelte
sich auf dem Bett, ich will nicht
daß es was Persönliches wird –
wir machen es einfach, ich will
mich nicht auf was einlassen,
kapiert?

Er stand da und sagte: Sicher.
Wir können ja so tun, als hätten wirs
schon gemacht. Weniger kann man
sich nicht einlassen, oder?

Was zum Kuckuck soll das denn
heißen? fragte sie.

Es soll heißen, sagte er, daß ich
sowieso lieber was trinken will.

Er goß sich einen Drink ein.

Es war ein lausiger Abend in
Las Vegas. Er ging ans Fenster und
schaute hinaus auf die blöden
Leuchtreklamen.

Bist du schwul? fragte sie. Bist du
ne gottverdammte Schwuchtel?

Nein, sagte er.

Du mußt nicht eklig werden, sagte sie,
bloß weil du am Spieltisch verloren hast.

Wir sind die ganze Strecke hierher gefahren
um uns zu amüsieren, und jetzt schau dich an
wie du dir das Zeug runterschüttest – das
hättest du auch in L. A.
tun können!

Hast recht, sagte er, die verfluchte
Flasche ist was, auf das *ich* mich
gern einlasse.

Ich möchte, daß du mich nach
Hause bringst, sagte sie.

Aber gern, sagte er. Gehn wir.

Es war einer dieser Augenblicke im Leben
wo nichts verloren ist, weil man erst
gar nichts gefunden hat.
Sie zog sich an, und es war ein trauriges
Gefühl für ihn, nicht wegen ihm und ihr
sondern weil es Millionen wie sie und ihn gab.
Draußen zuckten die Neonreklamen. Alles
so mühelos verlogen.

Sie war rasch fertig. Verschwinden wir hier,
sagte sie.

Ja, sagte er, und sie gingen zusammen
aus der Tür.

Das angehaltene Trapez

»Ohne Glücksspiel kann ich nicht
schreiben«, sagte Saroyan zu
seiner Frau, und sie meinte:
Dann mach mal.

Er verlor 350000 Dollar
das meiste davon bei
Pferdewetten, aber er
konnte weder schreiben
noch seine Steuern
bezahlen.

Er floh vor den Behörden
und setzte sich
nach Paris ab.

Später kam er wieder
und plagte sich über die
Runden, bis zum Arsch in
Schulden – seine Bücher
brachten immer weniger
ein.

Er konnte immer noch
nichts schreiben, oder wenn
dann wurde es nichts:
der enorme tapfere Optimismus
der in der Wirtschaftskrise
alles so aufgepulvert hatte
zerlief in den guten Jahren
einfach zu Zuckerwasser.

Er starb, eine verblaßte Legende
mit einem gewaltigen Schnauzbart
wie auch sein Vater einen hatte
nach Art der alten Armenier
in Fresno. Die Welt
in der er starb
hatte für William
keine Verwendung mehr.

NICHTS. In einem Café, wo ich beim
Frühstück sitze. NICHTS. Die Kellnerin,
die kauenden Leute. Der Verkehr rauscht
vorüber. Unerheblich, was Napoleon tat,
was Platon sagte. Turgenjew hätte eine Fliege
sein können. Wir sind auf
Null, unsere Hoffnungen eingestampft. Wir
greifen zur Kaffeetasse, mechanisch
wie die Roboter, die uns bald
ersetzen werden. Heldenmut vor Salerno,
Blutbäder an der Ostfront – umsonst. Wir
wissen, daß wir besiegt sind. NICHTS.
Jetzt ist es nur noch ein
Weitermachen, egal wie –
das Essen kauen, die Zeitung lesen.
Wir lesen von uns. Die Nachrichten sind
schlecht. Etwas über
NICHTS.
Joe Louis lange tot. Invasion von Schlupfwespen
in Beverly Hills. Na, wenigstens
können wir dasitzen und
essen. Es war ein harter Trip.
Könnte schlimmer sein.
Schlimmer als dieses
NICHTS.

Lassen wir uns von der Kellnerin noch
Kaffee nachgießen.
Dieses *Luder!* Weiß genau, daß wir was
von ihr wollen.
Steht einfach da und tut
NICHTS.

Unwichtig, ob Prinz Charles vom Pferd fällt
oder daß man kaum noch einen Kolibri
sieht. Oder daß wir zu abgestumpft sind
um wahnsinnig zu werden.

Kaffee. Noch so eine Tasse
NICHTS.

Abschied von einem Magier

Sie sterben weg, einer nach dem anderen,
und auch mir rückt es immer näher
aber das macht mir nicht so viel aus;
es ist nur so, daß ich die Zwangsläufigkeit
mit der die anderen verschwinden
nicht gelassen hinnehmen kann.

Letzten Samstag
starb einer der größten Traberfahrer
des Rennsports – der kleine Joe O'Brien.
Ich hatte ihn so manches Rennen
gewinnen sehen. Er hatte eine
Eigenheit: er tippte die Leinen an
und schaukelte mit dem Oberkörper
vor und zurück. Er machte es immer
auf der Zielgeraden, und es war
sehr dramatisch und wirkungsvoll . . .

Er war so klein, daß er die Peitsche
nicht so kräftig auflegen konnte
wie die anderen, deshalb
wippte und schaukelte er
im Sulky
und das Pferd spürte
seine Erregung, das verrückte
rhythmische Schaukeln übertrug sich
von Mensch zu Tier . . .
es war, als würde ein Würfelspieler
die Götter anflehen und
immer wieder erhört werden.

Ich sah Joe O'Brien
zahllose knappe Zieleinläufe
gewinnen, oft mit einer
Nasenlänge.
Er nahm ein Pferd, das sich
bei einem anderen Fahrer
nicht voll ausgegeben hatte
und wenn Joe es in die
Hand nahm, reagierte das Tier
oft mit einem Ausbruch
unbändiger Energie.

Joe O'Brien war der beste Traberfahrer
den ich je gesehen habe
und ich habe im Lauf der Jahrzehnte
viele erlebt.
Keiner konnte einen Traber, einen
Paßgänger animieren und über die
Distanz bringen wie der
kleine Joe.
Keiner beherrschte den magischen Dreh
wie Joe.

Sie sterben weg, einer
nach dem anderen –
Präsidenten
Müllmänner
Mörder
Schauspieler
Taschendiebe
Boxer
bezahlte Killer
Tänzer
Fischer
Ärzte
Schnellköche –

aber der Verlust
eines Joe O'Brien ist
schwerer. Es wird schwer sein
einen Ersatz zu finden
für den kleinen Joe.

Und bei der Gedenkminute für ihn
heute abend auf der Bahn
(Los Alamitos, 1. 10. 84)
als die Fahrer in ihren
Seidenblusen an der Ziellinie
einen Kreis bildeten
mußte ich mich abwenden
und auf der oberen Tribüne
die Stufen raufgehen
zur Wand, damit man
meine Tränen nicht sah.

Die Chemie der Dinge

Ich fand Mary Lou immer dürr und
unansehnlich, doch die anderen Jungs
hielten sie fast alle
für eine heiße Nummer.
Meine Gleichgültigkeit hatte wohl
etwas Anziehendes für sie, und das
war vermutlich der Grund, weshalb
sie mir in der Junior Highschool
immer nachlief.

Ich war abgebrüht und ruppig
und wenn die Jungs mich fragten
»Mary Lou schon gebimst?«
sagte ich ihnen die
Wahrheit: »Sie langweilt mich.«

Es gab einen Chemielehrer
namens Humm. Mr. Humm trug eine
kleine Fliege und eine schwarze
Jacke, ein billiges zerknittertes
Ding, angeblich war er ein
gescheites Haus, und eines Tages
kam Mary Lou zu mir und sagte
Humm hätte sie nach der Stunde da-
behalten und in die Besenkammer
gezogen und geküßt und ihr am
Höschen gefummelt. »Was soll ich
bloß machen?« schluchzte sie.

»Vergiß es«, sagte ich. »Die Chemikalien
haben sein Hirn angegriffen. Wir haben

eine Englischlehrerin, die sich jeden Tag
den Rock bis über die Schenkel hochzieht
und mit jedem Kerl in der Klasse
ins Bett will. Wir haben unseren Spaß
mit ihr, aber wir ignorieren sie.«

»Warum tust du Mr. Humm nicht
verprügeln?« fragte sie.

Ich könnte, aber dann stecken sie
mich in die Stuart Hall.«

In der Stuart Hall bekam man den
Frack versohlt, sie ließen Mathe
Englisch und Musik links liegen und
triezten einen mit Werkunterricht –
man mußte alte Autos reparieren
die sie dann mit großem Gewinn
weiterverkauften.

»Ich dachte, dir liegt was an mir«,
sagte Mary Lou. »Kapierst du denn
nicht – er hat mich geküßt und mir
seine Zunge in den Hals gehängt und
mich an den Hintern gefaßt!«

»Na«, sagte ich, »dafür haben
wir neulich in Englisch
Mrs. Lattimores Muschi gesehen.«

Mary Lou ging schluchzend weg ...

Aber sie erzählte es ihrer Mutter
und Humm war geliefert und mußte
den Hut nehmen, der arme
Hundesohn.

Daraufhin fragten mich die Jungs:
»Hey, wie findest du das von Humm
daß er deinem Girl an den
Arsch geht?«

»Bloß noch so 'n Kerl, der keinen
Geschmack hat«, antwortete ich.

Ich war abgebrüht und ruppig und
kam auf die Highschool, dieselbe
die auch Mary Lou besuchte
und im letzten Schuljahr
heiratete sie heimlich einen Kerl
den ich kannte – ich hatte ihn
mehrmals unter den Tisch getrunken
und schwer verdroschen.

Der Kerl dachte, er hätte einen
guten Fang gemacht. Er wollte mich
als Trauzeuge. »Nee danke«, sagte ich,
»und viel Glück.«

Ich konnte nie verstehen
was sie an Mary Lou
fanden.
Und der arme Humm:
Was für ein einsamer
verkorkster alter
Furz.

Na jedenfalls, dann
schrieb ich mich am
City College ein, und die
einzige Sauerei, die
dort passierte, war
daß sie einem das Hirn
begrapschten.

Knatsch

»Ich halte es mit dir
nicht mehr aus«, sagte sie.
»Schau dich bloß an!«

»Hnn?« machte ich.

»*Schau* dich an! Hockst da
in dem gottverdammten Sessel!
Der Bauch hängt dir über die
Unterhose! Deine ganzen Hemden
sind voller Zigaretten-
löcher!
Alles was du *tust,* ist
dieses gottverdammte Bier
zu nuckeln, eine Flasche
nach der anderen! Was
hast du denn davon?«

»Der Schaden ist schon
angerichtet«, sagte ich.

»Was redest du denn da?«

»Kommt auf nichts an
und wir wissen, daß es
auf nichts ankommt, und
darauf kommt es an …«

»Du bist besoffen!«

»Komm, Baby, vertragen
wir uns. Es ist ganz
leicht …«

»Nicht für *mich!*« schrie
sie. »Nicht für
mich!«

Sie rannte ins Badezimmer
um sich zu schminken.
Ich stand auf und holte mir
noch ein Bier.
Ich saß wieder und hatte
gerade die Flasche am Mund
als sie herauskam.

»Heiliger Strohsack!« kreischte
sie »Du bist zum *Kotzen!*«

Ich mußte lachen, verschluckte
mich und prustete einen Mundvoll
Bier aufs Unterhemd.

»Mein Gott!« sagte sie.

Dann knallte die Tür, und sie
war weg.

Ich sah die Tür an, den
Türknauf, doch
seltsamerweise
fühlte ich mich
überhaupt nicht
allein.

Mein Freund vom Parkplatz

Das ist vielleicht einer.
Er hat einen kleinen
schwarzen Schnurrbart.
Pafft meistens eine
Zigarre.

Er hat die Angewohnheit
sich durchs Fahrerfenster
reinzulehnen, wenn er einem
den Parkschein gibt.

Bei unserer ersten Begegnung
sagte er: »Hey! Werden Sie
heut groß abräumen?«

»Vielleicht«, antwortete ich.

Beim nächsten Mal war es:
»Hey, Meister! Was
läuft?«

»Sehr wenig«, sagte ich.

Das nächste Mal hatte ich
meine Freundin dabei. Da
grinste er nur.

Das nächste Mal war ich
allein.

»Hey«, fragte er, »wo ist
die Kleine?«

»Ich hab sie zuhause
gelassen . . .«

»*Von wegen!* Ich wette, sie
hat Sie abserviert!«

Und das nächste Mal
kroch er fast zu mir rein:

»Wie kommt einer wie *Sie*
zu nem BMW? Ich wette, Sie
haben ne Erbschaft gemacht.
Mit Kopfarbeit haben Sie
dieses Auto nicht gekriegt!«

»Wie haben Sie das erraten?«
sagte ich.

Das ist jetzt einige Wochen her.
Ich habe ihn seither nicht mehr
gesehen. Bei einem Burschen wie ihm
ist anzunehmen, daß er sich
auf was Besseres verlegt hat.

Meine erste Affäre
mit einer älteren Frau

Wenn ich heute daran denke
wie ich mich von ihr
behandeln ließ
geniere ich mich, daß ich
damals so unschuldig war
aber ich muß sagen
beim Trinken hielt sie
Glas für Glas mit
und mir wurde klar
daß all die Jahre
ihr Leben und
ihr Gefühl für Sachen
zerstört hatten
und ich nicht mehr war
als ein Gefährte auf Zeit.
Sie war zehn Jahre älter
und schwer gezeichnet von
Vergangenheit und Gegenwart.
Sie sprang übel mit mir um,
verließ mich, ging zu
anderen Männern;
sie versetzte mir einen
Tiefschlag nach dem andern,
log mich an, beklaute mich,
ließ mich sitzen, hatte
andere Männer; aber wir
hatten auch gute Zeiten
und unsere kleine Seifenoper
endete damit, daß sie im
Krankenhaus im Koma lag
und ich saß stundenlang

an ihrem Bett und
redete mit ihr. Sie
schlug die Augen auf
und sah mich an:
»Ich hab gewußt, daß
du es bist«, sagte sie.
Und schloß die Augen.

Am nächsten Tag
war sie tot.

Zwei Jahre
trank ich danach
nur noch allein.

Das Leben auf dem Freeway

Ein sturer Idiot blockierte die Überholspur
und als er endlich Platz machte
beschleunigte ich im Freiheitsrausch
auf 140 (nicht ohne im Rückspiegel nach-
zusehen, ob unsere blau uniformierten
Beschützer hinter mir waren) –
dann hörte und spürte ich es gleichzeitig:
ein harter Gegenstand KNALLTE von unten
an den Wagen, aber da ich rechtzeitig auf dem
Rennplatz sein wollte, zwang ich mich
es zu ignorieren (als ginge es davon weg)
obwohl mir Benzingeruch in die Nase stieg.
Ich schaute auf die Tanknadel – sie *schien*
zu halten ...

Die Woche war schon ganz fürchterlich gewesen
aber, verstehst du, Niederlagen können
dich stärken, genau wie der Sieg dich
schwächen kann, und wenn du das Quentchen
Glück und ein heiliges Stehvermögen hast
kommen die Götter vielleicht doch
mit der richtigen Mischung über ...
Da stockte der Verkehr und kam zum Stehen
und jetzt roch es wirklich nach Benzin und
ich sah, wie die Tanknadel rapide ab-
sackte, und dann
hörte ich im Verkehrsfunk, daß ein Mann
3 Meilen voraus auf der Vernon-Überführung
ein Bein überm Geländer hatte und zu
springen drohte
und da saß ich, mit einem Riß im Tank
und drohte in die Luft zu fliegen und

ringsum schrien sie mir zu, daß ich
ein Leck hatte und Benzin verlor –
ja, nickte ich zurück, ich weiß, ich
weiß ...
Ich winkte sie beiseite, arbeitete mich
zur Standspur durch und dachte: die haben
mehr Angst als ich – wenn ich hochgehe
erwischt es sie vielleicht auch.

Der Stau hielt an – der Selbstmörder
überlegte noch, und meine
Tanknadel sank in den roten Bereich.
Die Pflicht, ein ordentlicher Bürger
zu sein und auf die nächste Gelegenheit
zu warten, verpuffte
ich fuhr entschlossen über einen Zement-
wulst, verbog mir vorne rechts die
Radaufhängung, schaffte es zur
Ausfahrt, die völlig frei war
dann runter zu einer Tankstelle am
Imperial Highway, wo ich parkte,
immer noch mit auslaufendem Benzin –
ich stieg aus, ging zum Telefon, bestellte
den Abschleppdienst, mußte auch gar nicht
lange warten ... dann
eine angenehme Fahrt zu meiner Werkstatt
mit einem Schwarzen, der mir merkwürdige
Geschichten von gestrandeten Autofahrern
erzählte (eine Frau, zum Beispiel, hielt
das Lenkrad derart umklammert, daß sie
eine Viertelstunde an ihren Fingern
zerren und auf sie einreden mußten
bis sie endlich losließ).
Nach ein paar Tagen hatte ich den Wagen
wieder, und als ich auf der Rückfahrt von der
Rennbahn bremsen wollte, ging das Pedal

nicht runter, zum Glück war ich
noch nicht auf dem Freeway
ich stellte den Motor ab, fuhr rechts ran
ich sah, daß von der Verkleidung der
Lenkradsäule ein Stück runterhing und das
Bremspedal blockierte; ich riß es weg
und riß dann noch mehr daran, um ganz
sicher zu gehen – auf einmal quoll
ein ganzer Wust von Kabeln raus ...
Scheiße.
Trotzdem, als ich den Zündschlüssel drehte
und Gas gab, sprang der Motor an,
und ich fuhr los, die baumelnden Kabel
am Bein, und ich dachte: Passiert
so was auch anderen, oder bin ich
der einzig Auserwählte?
Ich entschied, daß es das war
und kam auf den Freeway, wo ein Kerl
in einem VW sich vor mich setzte und
mir die Fahrspur blockierte.
Ich überholte ihn rechts, den Hunde-
sohn, und war im Nu auf 120, 130, 140 ...
Der Mut, dachte ich, mit dem wir
jeden Morgen aufstehen, um
wieder und wieder dasselbe
auf uns zu nehmen, ist schon
enorm.

Der Spieler

Ich hatte 40 Sieg auf das Pferd Nr. 6
es führte in der Zielgeraden mit zwei
Längen und lief ganz innen am Geländer
da gab ihm der Jockey von rechts die
Gerte – es streifte das Geländer
stürzte, warf den Jockey ab
und meine Chance war dahin.

Es war das siebte Rennen.
Ich redete mir ein, das Pferd
hätte wahrscheinlich doch noch
verloren, und ich wollte schon
gehen, aber dann
entschied ich mich für einen
Einsatz im achten und kam mit
25 Sieg auf einen 5:1 gewetteten
Gaul durch.

Im neunten setzte ich 40 Sieg
auf den zweiten Favoriten
und als die Startglocke schrillte
scheute das Pferd und ließ
den Jockey in der Startmaschine.

Ich fuhr mit der Rolltreppe
nach unten, und als ich durchs
Tor ging, fragte mich ein junger Mann
ob ich ihm einen Dollar geben
könnte – für den Bus nach Hause.

Ich gab ihm den Dollar und
sagte: »Sie sollten von hier
wegbleiben.«

»Ja«, sagte er, »ich
weiß.«

Dann ging ich Richtung Parkplatz
und tastete meine Taschen
nach Zigaretten ab:

Fehlanzeige.

Der arme Al

Ich weiß nicht, wie er es macht
aber er lernt immer nur
Frauen kennen, die
spinnen.
Er kommt nie zum Verschnaufen –
kaum ist er eine Verrückte
los, hat er schon
die nächste am Hals.

Erst wenn sie sich bei ihm
eingenistet haben und anfangen
sich mehr als komisch zu benehmen
gestehen sie ihm, daß sie mal
in der Klapsmühle waren
oder aus Familien
mit einer langen Latte
von Geisteskrankheiten
stammen.

Seine letzte
schickte er einmal die Woche
zum Psychiater:
$75 für die Dreiviertelstunde.
Nach sieben Monaten ließ sie
den Psychiater sausen
und sagte zu Al:
»Der gottverdammte Homo hat
von nichts ne Ahnung.«

Ich weiß nicht, wie die alle
an Al geraten.
Bei der ersten Begegnung, sagt er,

merkt man es noch nicht
da sind sie noch auf der Hut.
Aber nach 2 oder 3 Monaten
lassen sie sich gehen und
Al sitzt mal wieder
mit einer da.

Es wurde so schlimm
daß Al dachte, es läge
vielleicht an ihm.
Also ging er zu einem
Psychiater und erkundigte sich
und der sagte: »Sie sind
einer der vernünftigsten Menschen
die mir je begegnet sind.«

Der arme Al.

Danach fühlte
er sich schlimmer
denn je.

Der Alltag im Hotel
Ecke Third Street
und Vermont

Alabam war Gelegenheitsdieb und
ein hinterlistiger Mensch
und wenn ich betrunken war
kam er zu mir aufs Zimmer
und sooft ich aufstehen wollte
schubste er mich zurück.

Du Arschloch, sagte ich, du weißt
daß ich dich fertigmachen kann!

Er schubste mich wieder
in den Sessel.

Wenn ich nüchtern bin, sagte ich,
nehm ich dich auseinander
nach Strich und Faden!

Er schubste mich weiter herum.

Schließlich erwischte ich ihn mit
einem guten Schlag, direkt überm
Schläfenbein. Da machte er
einen Rückzieher und ging.

Ein paar Tage danach
rächte ich mich an ihm
indem ich seine Freundin bumste.

Anschließend ging ich runter und
klopfte an seine Tür.

So, Alabam, grade eben hab ich deine
Freundin gefickt, und jetzt
nehm ich dich auseinander!

Der arme Kerl fing an zu heulen. Er
schlug die Hände vors Gesicht und
schluchzte.

Ich stand da und sah ihm zu.

Und sagte: Tut mir leid,
Alabam.

Ich ließ ihn da sitzen und ging
zurück auf mein Zimmer.

Wir hingen alle an der Flasche
und keiner hatte Arbeit. Wir
hatten nur
einander.

Oder nicht mal das: Meine sogenannte
Freundin trieb sich in einer Bar
oder sonstwo herum. Ich hatte sie
seit Tagen nicht mehr gesehen.

Ich hatte noch eine Flasche
Portwein. Die entkorkte ich und
ging damit runter zu Alabam.

Wie wärs mit'm Drink, Südstaatler?
sagte ich.

Er schaute hoch, stand auf und
ging zwei Gläser holen.

Müll

Ich hatte mich mit einem wahren Stier
angelegt und fürchterliche Prügel
bezogen, und um den Girls und sich selbst
was zu beweisen, und weil er schier platzte
vor brutaler Energie, hatte er mich
fast umgebracht.
Später erfuhr ich, daß er mir,
als ich schon bewußtlos war
noch ein paarmal gegen den Kopf
getreten hatte; dann hatte er
mehrere Mülltonnen über mir ausgeleert
und mich in der Gasse liegen lassen.
Ich war der Fremde, von auswärts.

Es war ein Sonntag, gegen 6 Uhr
morgens, als ich wieder zu mir kam.
Mein Gesicht war eine Masse von
Schürfwunden, Krusten, Blutergüssen
Schwellen und Beulen, meine Lippen
dick und taub, meine Augen fast zu-
geschwollen, aber ich
rappelte mich hoch und machte
mich auf den Weg, zurück zu
meiner Bude. Unterwegs sah ich
schemenhaft die Sonne, Häuser, den
schlingernden Gehsteig; dann
hörte ich ein schlurfendes Geräusch
von der Mitte der Straße – ich kniff
die Augen zusammen und sah
einen Mann, blutverschmiert, torkelnd,
mit zerrissenen Kleidern; er roch
nach Tod und Finsternis, aber er

mühte sich voran, mitten auf der Straße
als hätte er schon Meilen zurückgelegt
auf der Flucht vor etwas so Gräßlichem
daß der Verstand sich weigerte, es als
Teil des Lebens zu akzeptieren.
Ich verließ den Gehsteig, um ihm
zu helfen, und ging auf ihn zu.
Er sah mich nicht. Er schlurfte vorwärts,
bloß weiter, irgendwohin, egal
wohin. Das eine Auge hing ihm raus
und schlenkerte hin und her.
Ich prallte zurück.
Er war wie ein fremdes Wesen, nicht von
dieser Welt. Ich drehte mich um
und hörte, wie er sich hinter mir
entfernte – diese blinden
strauchelnden Schritte,
qualvoll,
sinnlos
allein.

Ich ging zurück auf den Bürgersteig
schaffte es bis zu meiner Bude
und ans Bett, ließ mich fallen;
lag auf dem Rücken; starrte
an die Decke. Und wartete.

Parkplatz für eine Schnapsleiche

Wenn ich es in der Kneipe nicht mehr
aushielt (und das kam schon mal vor)
hatte ich einen Platz, an den ich
ausweichen konnte: Es war
ein verwahrloster Friedhof,
überwuchert von hohem Gras.
Und sah darin keinen morbiden
Zeitvertreib. Es schien mir einfach
der beste Ort zu sein, wo ich
auf angenehme Weise meinen
scheußlichen Kater auskurieren konnte.
Durchs Gras sah ich die Grabsteine
und viele standen so schief
daß man dachte, sie müßten der
Schwerkraft folgen und gleich
umkippen; doch obwohl sie in
rauhen Mengen herumstanden, sah ich
nie einen fallen.
Es war kühl und schattig
eine leichte Brise wehte
und oft schlief ich dort ein.
Ich wurde nie
behelligt.

Wenn ich nach einiger Zeit
wieder in die Kneipe kam
war es jedesmal dasselbe:
»Wo zum Kuckuck bist du
gewesen? Wir dachten
du bist gestorben!«
Ich war ihr Kneipenkasper.
Sie brauchten mich

um sich besser zu fühlen.
So wie ich ab und zu
diesen Friedhof
brauchte.

Zerfall

In letzter Zeit habe ich
zunehmend den Eindruck
daß dieses Land
4 oder 5 Jahrzehnte
zurückgefallen ist
und der ganze soziale
Fortschritt, die guten Gefühle
von Mensch zu Mensch
verdrängt wurden
von dem immergleichen
bigotten Muff.

Mehr denn je
erleben wir die
egoistischen Ansprüche
der Macht und die
kalte Schulter für
die Schwachen
die Alten
die Opfer von
Armut und
Not.

Menschliche Bedürfnisse
ersetzen wir durch
Krieg, Seelenheil
durch Sklaverei.

Wir haben das Erreichte
vertan und sind rapide
verarmt.

Wir haben unsere
Bombe. Sie ist
unsere Angst
unsere Verdammnis
und unsere
Schande.

Was jetzt von uns
Besitz ergriffen hat
ist so deprimierend
daß es uns den
Atem nimmt und
jeden Aufschrei
erstickt.

Ein Abstecher nach Tijuana

Meine erste Erfahrung mit einem
Bordell machte ich in Tijuana.
Es war ein großer Laden am
Stadtrand. Ich war 17
und hatte zwei Freunde
dabei. Wir tranken uns
Mut an, ehe wir reingingen.
Die Bude war voll von
Soldaten, die meisten
von der Marine.
Die Teerjacken standen
in langen Schlangen an,
grölten, hämmerten an die Türen.

Lance reihte sich in eine
kurze Schlange ein (daran
erkannte man das Alter der Hure:
je kürzer die Schlange
desto älter die Hure).
Er brachte es hinter sich
und kam keck und grinsend
wieder raus: »Na? Auf was
wartet ihr noch?«

Der andere, Jack, gab mir
die Tequilaflasche. Ich trank
einen Schluck, gab sie ihm
zurück, und er trank
auch noch was. Lance
warf uns einen Blick zu
und sagte: »Ich leg mich

ins Auto und schlaf
mich aus.«

Jack und ich warteten
bis er weg war. Dann
verdrückten wir uns in
Richtung Ausgang.
Jack hatte einen großen
Sombrero auf.
Direkt neben dem Augang
saß eine alte Hure. Sie
machte das Bein lang und
versperrte uns den Weg:
»Kommt, Jungs, ich machs
euch *gut!* Und *billig!*«

Irgendwie packte Jack
das große Grausen. »O Gott«,
sagte er, »ich muß
kotzen!«

»Aber nicht auf den Boden!«
schrie die Hure.
Da riß sich Jack den
Sombrero runter und
reiherte hinein.
Müssen gut vier Liter
gewesen sein.

Danach stand er wie
angewurzelt da und starrte
die Soße an, und die Hure
sagte: »Hau bloß ab, du!«

Jack rannte mit seinem Sombrero
aus der Tür, und dann sah mich

die Hure sehr liebenswürdig an
und sagte »*billig!*« und ich
ging mit ihr aufs Zimmer. Dort
saß ein großer fetter Kerl
in einem Sessel, und ich
fragte sie: »Wer ist denn
das?«
»Der paßt auf, daß mir
nichts passiert«, sagte sie.

Ich ging zu dem Mann hin
und sagte: »Hey, wie
gehts'n so?«

Und er sagte: »Gut,
Señor …«

Und ich sagte:
»Sind Sie von
hier?«

Und er sagte: »Gib
ihr das Geld.«

»Wieviel?«

»Zwei Dollar.«

Ich gab der Dame
die zwei Dollar
und ging zurück
zu dem Mann.

»Eines Tages komm ich
vielleicht nach Mexiko

und lebe hier«, sagte
ich.

»Mach, daß du
verschwindest!«
sagte er.
»LOS!«

Als ich unten aus der
Tür kam, erwartete mich
Jack – ohne seinen
Sombrero, aber immer noch
betrunken schwankend.

»Mensch«, sagte ich, »die war
Spitze. Sie hat sogar
meine Eier gelutscht.«

Wir gingen zum Auto.
Lance war eingeschlafen.
Wir weckten ihn auf
und er fuhr uns von da
weg.

Irgendwie kamen wir
durch die Grenzkontrolle
und auf der ganzen Fahrt
nach Los Angeles
triezten wir Jack, weil er
gekniffen hatte und noch
Jungfrau war.
Lance machte es schonend
doch ich verhöhnte Jack
lauthals als Feigling und
hörte nicht damit auf
bis ihm in der Nähe von

San Clemente
die Augen zufielen.

Ich saß vorne bei Lance
und wir ließen die
letzte Flasche Tequila
hin und her gehen.

Als Los Angeles auf uns
zurauschte
fragte Jack: »Wie
wars denn?«
Und ich antwortete
großspurig: »Hab
schon bessere
erlebt.«

Komischer Kauz

Schopenhauer konnte seine Mitmenschen
nicht ausstehen, sie gingen ihm
auf die Nerven; aber er konnte
sich sagen: »Wenigstens bin ich
nicht wie sie.« Das war ihm
ein gewisser Trost. Ich glaube
zu seinen humorigsten Sachen
gehört die Tirade gegen einen Mann
der sein Pferd völlig überflüssiger-
weise mit Peitschenknallen antrieb
und damit restlos einen Gedanken
ruinierte, der Arthur
gerade durch den Kopf ging.

Natürlich, der Mann mit der Peitsche
war Teil des Ganzen, auch wenn es
noch so überflüssig und stupid
erscheint, und auch große Gedanken
werden mit der Zeit oft überflüssig
und stupid.

Doch Schopenhauers Wutausbruch
war so herrlich treffend, daß ich
laut herauslachte. Dann
legte ich ihn ab
neben Nietzsche
der auch nur
allzu menschlich
war.

Cafeteria

Ich trank einen Kaffee
am Tresen, als ein Mann
der 3 oder 4 Hocker weiter
saß, mich fragte: »Sagen Sie,
sind Sie nicht der
der neulich abends
drüben in dem Hotel
an den Füßen aus einem
Fenster im vierten Stock
hing?«

»Ja«, sagte ich, »das
war ich.«

»Warum haben Sie das
gemacht?« fragte er.

»Tja, das ist eine
längere Geschichte ...«

Da schaute er dann
weg.

Die Kellnerin, die
dabeistand, fragte mich:
»Das hat er nur aus
Blödsinn gesagt, nicht?«

»Nein«, sagte
ich.

Ich bezahlte, stand
auf, ging zur Tür
und im Rausgehen
hörte ich den Mann
sagen: »Der Kerl
spinnt.«

Auf der Straße
ging ich Richtung
Norden und
fühlte mich
seltsam
geehrt.

Kletten

An einem Punkt in meinem Leben
lernte ich einen kennen
der behauptete, er hätte
Ezra Pound im St. Elizabeth-
Hospital besucht.

Dann lernte ich eine Frau
kennen, die behauptete, sie
hätte E. P. nicht nur besucht
sondern auch mit ihm geschlafen.
Sie zeigte mir sogar gewisse
Passagen in den *Cantos*
die angeblich von ihr
handelten.

Da kannte ich also schon zwei.
Und die Frau sagte mir
Pound hätte nie einen Besuch
von jenem Mann erwähnt
und der Mann behauptete
die Frau würde bloß angeben
und hätte nie etwas mit dem
Meister zu tun gehabt.

Da ich kein Pound-Spezialist war
wußte ich nicht, wem ich
glauben sollte. Aber eins
weiß ich: Solange einer lebt
machen manche eine Beziehung
zu ihm geltend, die in Wirklichkeit
kaum existiert; doch wenn er

tot ist – nun ja, dann kann
jeder behaupten, was er will.

Ich vermute, daß Pound
weder die Dame noch diesen
Herrn gekannt hat. Sollte
er sich aber mit einem
oder allen beiden
abgegeben haben
dann hat er seine Zeit
im Irrenhaus schändlich
verplempert.

Die letzte Vorstellung

Ach Gott, er ist wieder besoffen
und erzählt die gleichen alten
Geschichten immer wieder
und sie wollen noch eine hören
und noch eine – manche haben
nichts Besseres zu tun, andere
machen sich heimlich lustig
über den berühmten Autor
wie er schwafelt und
in seinen kleinen weißen
Rattenbart sabbert, vom
Krieg erzählt, von den Kriegen
den tapferen Fischen
den Stierkämpfen, sogar
von seinen Ehefrauen.

Abend für Abend kommen sie
in die Bar und wollen die
gleiche alte Show sehen
die er eines Tages
allein
beenden wird
indem er sich das Hirn
an die Wände pustet.

Der Preis, den einem
ein Buch abverlangt
ist nie zu hoch
der Preis für das
Zusammenleben
mit den anderen
immer.

Künstlerpech

Ich schrieb jede Woche drei
Kurzgeschichten und schickte sie an
Atlantic Monthly, aber sie
kamen alle zurück. Mein ganzes
Geld ging für Briefmarken, Umschläge
Papier und Wein drauf
und ich magerte so ab
daß meine Backen, wenn ich sie
einsog, sich über der Zunge trafen
(und da mußte ich an Hamsuns *Hunger*
denken – die Stelle, wo er sein eigenes
Fleisch ißt; ich biß mir mal einen
Fetzen aus dem Handgelenk, aber
es schmeckte sehr salzig).

Jedenfalls, eines Abends in Miami Beach
(keine Ahnung, was ich dort eigentlich
wollte) hatte ich seit 60 Stunden
nichts mehr gegessen, kratzte meine
letzten Hungerleider-
pfennige zusammen
ging in den Laden an der Ecke
und kaufte mir eine Packung
Brotschnitten. Ich nahm mir vor
jede Schnitte langsam zu kauen
als wäre es eine Scheibe Truthahn-
braten oder ein saftiges
Steak.

Als ich wieder in meinem Zimmer war
und die Packung aufriß, waren die

Schnitten grün verschimmelt. Es
sollte nichts werden aus meinem
Festmahl.

Ich warf das Brot auf den Boden
setzte mich aufs Bett und
betrachtete sinnierend den
grünen Schimmel, die Fäulnis;
dachte daran, daß meine Miete
aufgebraucht war; hörte auf die
Geräusche der anderen Mieter
in der Pension; und auf dem
Boden lagen die paar Dutzend
Stories mit den paar Dutzend
Ablehnungsbescheiden von
Atlantic Monthly.

Es war noch früh am Abend.
Ich knipste das Licht aus und
legte mich ins Bett, und es
dauerte nicht lange, da hörte
ich die Mäuse. Sie huschten
über meine unsterblichen Stories
und fraßen das grüne
verschimmelte Brot.

Als ich am Morgen aufwachte
sah ich, daß von dem ganzen Brot
nur noch das grüne Schimmelzeug
übrig war – sie hatten bis dicht
an den Rand gefressen und
da und dort lag noch ein Stück
verschimmelte Rinde zwischen den
Stories und Ablehnungsbescheiden.

Hinten im Flur hörte ich den Staubsauger meiner Wirtin der links und rechts anstieß und sich langsam meiner Tür näherte.

Tod eines Vorbilds

Von allen Schriftstellern, die ich kannte
war er der einzige, den ich bewunderte
und als ich ihn kennenlernte, lag er
im Sterben.
Zu Bewunderung lassen wir uns in dieser
Branche nicht hinreißen – auch nicht,
wenn's einer sehr gut bringt – aber
bei J. F. hatte ich dieses Problem nie.
Ich besuchte ihn mehrere Male im
Krankenhaus – ich traf ihn immer allein
an – und wenn ich zu ihm reinkam
war ich mir nie sicher, ob er
nur schlief oder ...

»John?«

Da lag er ausgestreckt auf dem Bett,
blind, beinamputiert: Schwerer Fall
von Diabetes.

»John, ich bins – Hank.«

Dann reagierte er, und wir redeten
eine Weile, d.h. meistens redete er
und ich hörte zu. Schließlich war er
unser Vorbild, unser Gott:
Ask the Dust
Wait Until Spring, Bandini
Dago Red
und all die anderen.

Daß er in Hollywood landete
und Drehbücher schrieb, das
war sein Tod.

»Das Schlimmste«, sagte er mir,
»ist Verbitterung. Die Menschen
werden am Ende so verbittert.«

Er war es nicht. Obwohl er
allen Grund dazu hatte ...

Bei der Beerdigung traf ich
einige seiner drehbuch-
schreibenden Kollegen.

»Wir sollten alle zusammen
etwas über John schreiben«,
schlug einer von ihnen vor.

»Ich glaube nicht, daß ich das
kann«, sagte ich ihnen.

Natürlich schrieben sie
nie ein Wort.

Glenn Miller

Lange her ...
Gegenüber vom Campus
in der Milchbar
lief die Musikbox
und die Mädchen tanzten
perfekt im Swingrhythmus
mit den Footballspielern
und den Einserschülern vom
College.

Glenn Miller war damals groß
angesagt, und alle
tanzten dazu. Fast alle –
ich saß mit zwei Jüngern herum
wir sollten eigentlich die
Abtrünnigen sein, die Wahrheits-
sucher, aber
ich mochte die Musik
und das faule Herumsitzen
während Hitler seine Reden schwang
und die Welt mit Karacho auf
einen Krieg zusteuerte.
Die Girls drehten sich elegant
und ließen Bein sehen und
wir wärmten uns im letzten
strahlenden Sonnenschein
und verdrängten alles andere
während das Universum
sein Maul aufriß
um uns alle zu
verschlingen.

Emily Bukowski

Meine Großmutter besuchte
zu Ostern immer die Frühmesse
und ging zu jeder Rose Bowl
Parade.

Sie ging auch gern an den
Strand, setzte sich auf
eine der Bänke dort und
schaute hinaus aufs Meer.

Kino hielt sie für
Sünde.

Sie lud sich den Teller voll
und aß enorme Mengen.

Sie betete ständig für
mein Seelenheil.

»Armer Junge, der Teufel
hat dich in der Gewalt.«

Von ihrem Mann sagte sie auch
er hätte den Teufel in sich.

Sie waren nicht geschieden
lebten aber getrennt
und hatten einander
schon fünfzehn Jahre
nicht mehr gesehen.

Krankenhäuser hielt sie
für Unfug. Sie
brauchte keine.
Ärzte auch nicht.

Mit 87
starb sie eines
Abends, als sie gerade
ihren Kanarienvogel
fütterte.

Wenn sie das Futter
in den Käfig streute
machte sie gern so
piepsige Vogellaute
dazu.

Sie war nicht besonders
interessant, aber das
sind ja die wenigsten.

Invasion

Ich wußte nicht
daß in der Abstellkammer
etwas war.
Zwar weckte mich
in manchen Nächten ein
eigenartiges Rumpeln
doch ich dachte immer
es sei ein leichtes Erdbeben.

Die Abstellkammer
war hinten im Flur
und wurde selten benutzt.

Merkwürdig fand ich nur
daß meine Katzen
(ich hatte vier)
überall große Köttel
zu hinterlassen schienen
obwohl sie eigentlich
stubenrein waren.

Dann
verschwanden
die Katzen
eine nach
der anderen.
Aber frische
Köttel fand ich
nach wie
vor.

Eines Abends
als ich gerade
den Börsenbericht las
schaute ich
hoch

und da
stand die
Löwin
in der offenen
Schlafzimmertür.

Ich saß
im Bett
hatte mir
zwei Kissen
in den Rücken
gestopft und
trank eine
Tasse Kakao.

Also
eine Löwin
im Schlafzimmer
das hält niemand
für möglich –
jedenfalls nicht
in einer größeren
Stadt –
deshalb schaute
ich einfach hin
und hielt es
nicht für
möglich.

Dann
drehte sich
die Löwin um
und ging die
Treppe runter.

Ich folgte ihr
in gut 5 Meter
Abstand, in der
einen Hand meinen
Baseballschläger,
in der anderen
mein 10 cm langes
Messer.

Ich sah ihr nach
wie sie die Treppe
runter und durchs
Wohnzimmer ging.

Vor den großen
Schiebetüren aus
dickem Glas an der
Garten- und Straßenseite
blieb sie stehen:
Sie waren geschlossen.

Die Löwin gab ein
dumpfes Knurren von sich
und sprang mit einem Satz
durch die berstenden
Scheiben hinaus in
die Nacht.

Ich saß im Dunkeln
auf der Couch

und konnte immer noch
nicht fassen, was ich
gesehen hatte.

Dann hörte ich
einen so wahnsinnigen
Angstschrei
daß ich für einen Augenblick
weder sehen noch atmen
oder begreifen konnte.

Ich stand auf und
wollte mich im
Schlafzimmer
verbarrikadieren
da kamen mir
auf der Treppe
3 Löwenjunge
entgegen –
niedliche
teuflische
Katzen

und durch die
zersplitterte Glas-
tür kehrte die Löwin
aus der Nacht zurück
und schleifte einen
blutenden Mann herein
der auf dem Teppich
eine rote Spur
hinterließ.

Ihre Jungen
stürzten sich darauf
und der Mond

kam durch und
erhellte das
wirbelnde
Festmahl.

Harte Zeiten

Als ich unten am Hafen
aus dem Auto stieg
kamen zwei Männer auf mich
zu.
Der eine sah alt und
hartgesotten aus, der andere
war groß und lächelte. Beide
hatten Mützen auf dem Kopf.
Sie kamen näher. Ich
machte mich auf was
gefaßt.

»Stört euch was?«

»Nein«, sagte der ältere.
Sie blieben stehen.
»Erinnern Sie sich nicht
an uns?«

»Bin mir nicht sicher ...«

»Wir haben Ihr Haus angestrichen.«

»Ach ja, richtig ... kommt, ich spendier
euch ein Bier ...«

Wir steuerten das nächste Lokal an.

»Sie waren einer der besten Typen
für die wir bis jetzt gearbeitet haben.«

»Ja?«

»Ja. Sie haben uns laufend
mit Bier versorgt.«

Wir setzten uns an einen der
blanken Holztische mit
Blick auf den Hafen.
Wir nuckelten an unserem Bier.

»Leben Sie immer noch mit
der jungen Frau zusammen?«
fragte der ältere.

»Ja. Wie läufts bei euch?«

»Gibt im Moment keine Arbeit . . .«

Ich holte zehn Dollar raus und
gab sie dem Alten.

»Hab neulich euer Trinkgeld vergessen . . .«

»Danke.«

Wir saßen da mit unserem Bier.
Die Konservenfabriken hatten
dichtgemacht. Todd Shipyard
stand kurz vor dem Bankrott
und entließ die Belegschaft.
San Pedro war wieder in den
dreißiger Jahren angelangt.

Ich trank mein Bier aus.

»Tja, Jungs, ich muß wieder.«

»Wo wollen Sie hin?«

»Fisch einkaufen ...«

Ich ging in Richtung Fischmarkt
drehte mich auf halbem Wege um
und machte ihnen mit der
rechten Hand das Zeichen –
Daumen nach oben.

Sie nahmen die Mützen ab und
schwenkten sie.
Ich lachte, drehte mich um
und ging davon.

Manchmal weiß man kaum noch
wie man sich verhalten
soll.

Die Klinge

Bei dem Postamt, wo ich in der
Nachtschicht arbeitete, konnte man
nirgends parken, aber ich entdeckte
einen idealen Platz (niemand schien
dort parken zu wollen) – einen
Sandweg hinter einem Schlachthof.
Wenn ich dort kurz vor Arbeits-
beginn in meinem Wagen saß und
eine letzte Zigarette rauchte
wurde mir jeden Abend
kurz vor dem Dunkelwerden
die gleiche Szene geboten:
Ein Mann lockte mit Grunzlauten
die Schweine aus den Koppeln
dann schwenkte er eine Zeltplane
und trieb die Tiere auf einen
Laufsteg, und sie rannten
in wildem Galopp den Steg hinauf,
der wartenden Klinge entgegen.
So manchen Abend, wenn ich mir
das angesehen und meine Zigarette
zu Ende geraucht hatte, ließ ich
einfach wieder den Motor an
setzte rückwärts raus
und fuhr von meinem Job
weg.

Mein Schwänzen nahm so
erstaunliche Ausmaße an, daß ich
mich gezwungen sah
unter einigen Kosten
hinter einer Chinesenbar

zu parken, wo ich nichts als
kleine geschlossene Fensterläden sah
und eine Neonreklame für
irgendein fernöstliches
Getränk.

Weniger krasse Wirklichkeit.
Genau das hatte ich
nötig.

Verstolpert

Ich hatte den grauen
Schecken, 4:1 gewettet
und bekannt für seinen
schnellen Antritt. Drei Viertel
die Zielgerade runter
lag er anderthalb Längen vorn
da knickte sein linker
Vorderlauf um
er stürzte und
der Jockey segelte
kopfüber in den Sand.
Zum Glück konnte das Feld
den beiden ausweichen.
Der Jockey stand auf
und humpelte von dem
kickenden Tier weg.

Unfallpotential:
das ist etwas
was in der Turfzeitung
nicht angegeben wird.

Im Klubhaus
sah ich Harry
in einer Ecke
stehen.
Er war Agent für
einen Jockey gewesen
arbeitete jetzt
als Trainer
bekam aber

nicht viele Pferde
zu trainieren.

Er hatte seine
Sonnenbrille auf
und sah
gräßlich aus.

»Hast du auch auf
den Grauen gesetzt?«
fragte ich.

»Ja«, sagte er,
»schwer ...«

»Du brauchst ne Transfusion.
Hier – ist nicht viel, aber ...«

Ich steckte ihm
drei gefalzte Zwanziger
in die Jackentasche.

»Danke«, sagte er.

»Setz es auf'n guten Gaul.«

Harry hatte mir
manchen Gefallen getan
außerdem war er
einer der Besten
und rackerte sich ab
für einen Zipfel Glück
in einer der blutigsten
Branchen weit und breit:
Wir versuchen
einen Treffer zu landen

und jeden Tag
müssen einige fallen
damit andere
weiterkommen.
(Auf der Rennbahn ist es
dasselbe wie überall
nur daß es hier meistens
viel schneller geht.)

Ich ging an die Theke
und holte mir einen Kaffee.
Das nächste Rennen
gefiel mir. Es ging
über 1200 Meter und war
besetzt mit Pferden
die seit zwei Rennen
ohne Sieg waren.

Ein anständiger Treffer
würde mich mit den
Göttern versöhnen
und mit Glanz und Gloria
alles wieder einrenken ...

Die Reichen im Abendprogramm

Zärtlich ist die Nacht
konnte ich nie lesen
aber jetzt bringen sie's
als Mehrteiler im Fernsehen
es läuft schon einige Abende
und ab und zu habe ich
den Reichen mal zehn Minuten
bei ihren Problemen zugesehen:
wie sie in Nizza an ihren
Strandkörben lehnen oder
mit einem Drink in der Hand
durch ihre Zimmerfluchten
schlendern und philosophische
Statements absondern
oder sich daneben benehmen
bei der Dinner-Party oder
dem Dinner-Tanz –
sie haben keine
Ahnung, was sie mit sich
anfangen sollen:
Schwimmen?
Tennis?
Eine Fahrt die Küste
rauf? Die Küste
runter?
Neue Bettgefährten
finden? Alte
sausen lassen?
Oder rumficken mit
den Künsten
und den Künstlern?
Sie haben nichts, was sie

Anstrengung kostet; deshalb
haben sie auch nichts, wofür
sie sich anstrengen können.

Stimmt schon, die Reichen
sind anders ...

Aber das sind
der Ringelschwanz-
maki und der
Sandfloh
auch.

Zwei Zecher

Ich sehe uns noch
wie wir damals
sturzbetrunken am
Fluß saßen und
Gedichte bosselten.
Wir wußten, daß es
völlig nutzlos war
aber es gab uns was
zu tun und verkürzte
das Warten.

Die Kaiser
mit ihren ängstlichen
Gesichtern aus Ton
sahen uns beim
Trinken zu.

Li Po zerknüllt
seine Gedichte
zündet sie an und
läßt sie den Fluß
runterschwimmen.
»Was machst du denn?«
frage ich ihn.

Li reicht mir die
Weinflasche: »Sie
vergehen ja doch,
ganz gleich, was
geschieht ...«

Ich trinke auf seine
Weisheit, gebe ihm
die Flasche zurück
und sitze eisern
auf meinen Gedichten
die ich mir halb
in die Arschfalte
hochgestopft habe.

Ich helfe ihm
noch ein paar
von seinen Gedichten
anzuzünden.

Sie treiben schön
den Fluß hinunter
und erhellen die
Nacht, wie es sich
für gute Gedichte
gehört.

Mein alter Freund

Für einen 21jährigen in New Orleans
stellte ich nicht viel vor. Ich
hatte ein kleines dunkles Zimmer
das nach Pisse und Tod stank.
Trotzdem wollte ich es nicht
verlassen. Dabei wohnten hinten
im Flur zwei lebenslustige Girls
die immer an meine Tür klopften
und riefen: »Steh auf! Hier draußen
gibts was Gutes!«

»Geht weg«, sagte ich, aber das
spornte sie nur an. Sie schoben mir
Zettel unter der Tür durch und
klebten mir mit Scotchtape
Blumen an den Türknauf.

Ich hatte es mit Wein und grünem
Bier und *dementia* . . .

Ich freundete mich mit dem Alten
im nächsten Zimmer an. Irgendwie
fühlte ich mich so alt
wie er. Seine Füße
und Knöchel waren geschwollen.
Er konnte die Schuhe
nicht mehr zubinden.

Gegen ein Uhr mittags machten wir
jeden Tag einen Spaziergang. Es
ging sehr langsam – jeder Schritt
war eine Anstrengung für ihn.

An Bordsteinen half ich ihm
rauf und runter. Ich packte ihn
am Ellbogen und hinten am
Gürtel. Wir schafften es.

Ich mochte ihn. Er wollte
nie wissen, was ich
machte.

Ihn hätte ich mir als Vater
gewünscht. Am besten
gefiel mir, daß er immer
sagte: »Nichts ist es
wert.«

Er war ein
Weiser.

Diese beiden Mädchen
hätten ihm die Zettel
und die Blumen
geben sollen.

Danke

Manche wollen, daß ich weiter
über Huren und Kotzerei schreibe.

Andere sagen, sie fänden so etwas
unappetitlich.

Well, mir fehlen die
Huren nicht

obwohl gelegentlich die eine oder andere
versucht, mich ausfindig zu machen.

Ich weiß nicht, ob sie all den Alkohol
vermissen und das bißchen Geld
das ich ihnen gab

oder ob sie hingerissen sind
weil ich sie literarisch
verewigt habe.

Jedenfalls müssen sie jetzt auskommen
mit dem, was sie an Männern so
auftun können.

Die armen Schätzchen hatten keine
Ahnung – und ich auch nicht –
daß jene häßlichen bedröhnten Nächte
einmal Stoff abgeben würden

wie ihn selbst Dostojewski
nicht verschmäht hätte.

Feierabend

Du reißt das Tischtuch
mit den vollen Tellern weg
zerdepperst die Fenster
läutest den Idioten die
Totenglocke
sprichst fürchterliche
Wahrheiten aus und
jagst die ganze Bande
aus der Tür –
dann kommt der große
friedliche Augenblick
wo du alleine dasitzt
und dir in Ruhe
einen Drink eingießt.

Die Welt ist besser
ohne die anderen.

Pflanzen und Tiere, das sind
die einzig wahren Gefährten.

Ich trinke auf sie
und mit ihnen.

Sie warten, während ich
ihre Gläser fülle.

Kein Federlesen

Faulkner liebte seinen Whisky
und wenn man das Schreiben
dazunimmt, blieb ihm
für anderes nicht mehr
viel Zeit.

Briefe machte er
meistens gar nicht
auf.

Er hielt sie nur
ans Licht

und wenn kein
Scheck drin
war

schmiß er sie
in den Papier-
korb.

Die Verwandlung

Ich lebe mit einer Frau und vier
Katzen zusammen, und an manchen Tagen
kommen wir alle miteinander aus.

An manchen Tagen habe ich Krach
mit einer der
Katzen

an anderen Tagen hab ich Krach
mit zwei von
ihnen

an anderen
mit drei.

Und manchmal habe ich Krach mit
allen vier Katzen

und mit der
Frau:

Dann sehen mich zehn Augen an
als wär ich ein Hund.

Katze bleibt Katze

Um zwei Uhr früh
klatscht sie in die
Hände und pfeift
den Katzen
während ich hier
sitze und meinen
Beethoven höre.

»Sie stöbern nur
draußen rum«, sag ich ihr.

Beethoven rasselt majestätisch
mit seinen Knochen

aber den verdammten Katzen
ist alles völlig
schnurz

und wenn es
nicht so wäre
hätte ich sie nicht mehr
so gern:

Was sich menschlichem
Verhalten annähert
verliert seinen
natürlichen Wert.

Nichts gegen
Beethoven:

Für seine
Verhältnisse
macht ers
ganz gut.

Aber ich würde
ihn nicht auf meinem
Teppich haben wollen,
ein Bein steil
über den Kopf
gereckt, während
er sich die
Eier leckt.

Fort

Es verschwand wie die Ladies
von einst, als ich die Tür
zum Zimmer öffnete und sah:
Bett
Kopfkissen
Wände.

Ich verlor es
ich verlor es irgendwo
als ich die Straße langging
oder Gewichte stemmte
oder einem Umzug zusah.
Ich verlor es, als ich mir
einen Ringkampf ansah
oder am Mittag eines smog-
vernebelten Tages an einer
roten Ampel wartete.

Ich verlor es, als ich eine
Münze in die Parkuhr steckte.

Ich verlor es
während die streunenden
Hunde schliefen.

In die vollen

Er war ein ekelhafter Mensch
dauernd wischte er sich den Rotz
am Ärmel ab und furzte auch noch
in regelmäßigen Abständen, er war
ungekämmt
ungehobelt
unerwünscht.
Jedes dritte Wort von ihm
war eine krasse Entgleisung
beim Grinsen bleckte er
schiefe gelbe Zähne
sein Atem stank gegen
jeden Wind
er kratzte sich ständig
mit der linken Hand am Sack
und hatte immer einen schweinischen
Witz auf Lager. Ein Blödmann
der übelsten Sorte.
Alle gingen ihm
aus dem Weg.

Bis er sechs Richtige im Lotto
erwischte.

Jetzt solltet ihr ihn mal
sehen: Dauernd eine lachende
junge Dame an jedem Arm,
speist in den teuersten
Lokalen, die Kellner
balgen sich darum
ihn an ihren Tisch zu kriegen
er rülpst und furzt sich

den Abend um die Ohren
verschüttet seinen Wein
ißt sein Steak mit den
Fingern. Für seine
Begleiterinnen ist er
»originell« und »der lustigste
Mensch, der mir je begegnet ist«
und was sie im Bett mit ihm
anstellen, ist eine verdammte
Schande.

Allerdings sollten wir nicht
vergessen, daß 50% der Lotterie-
einnahmen dem Bildungswesen
zugute kommen, und
das ist wichtig
wenn man bedenkt
daß nur jeder Neunte
weiß, wie man
»emulously«
schreibt.

Die schrumpfende Insel

Ich arbeite daran, während
draußen der Tag dämmert ...

Um 3.34 Uhr hätte ich es fast
gehabt, aber es entglitt mir
raffiniert wie ein Silber-
fischchen ...

Jetzt
während die Morgendämmerung zu mir
hereinkriecht wie der
gottverdammte Tod
gebe ich den Kampf auf
stemme mich hoch
gehe Richtung Klo
remple eine Wand
gebe ein jammervoll quäkendes
Lachen von mir
knipse das Licht an
und pisse – ja, nicht
daneben ... dann
zieh ich die Spülung
und denke: Wieder
eine Nacht rum.
Naja, wenigstens haben
wirs ein bißchen
fetzen lassen.

Ich wasche mir
die Pfoten
knipse das Licht
aus und geh ins

Schlafzimmer, wo sie
einen Augenblick
wach wird und sagt:
»Tret nicht auf die
Katze.«

Das bringt mich wieder
auf den Teppich. Ich
taste mich zum Bett
leg mich rein
Gesicht zur Decke:
ein gestrandeter
betrunkener
fetter
alter
Mann.

Zauberkasten

Ich mochte die alten Schallplatten
die kratzten, wenn die Nadel
durch die ausgeleierten Rillen
glitt. Die Stimme kam
aus dem Trichter
als säße jemand
in dem Mahagoni-
kasten drin.

Aber ich hörte mir die Platten
nur an, wenn meine Eltern
nicht da waren. Und wenn ich
vergaß, das Grammophon
aufzuziehen, schlaffte es ab
und blieb stehen.

Am späten Nachmittag
war es am besten, und die
Platten erzählten von Liebe.
Liebe, Liebe, Liebe.
Manche hatten ein herrlich
purpurrotes Etikett
andere hatten orangene, grüne,
gelbe, rote, blaue.
Das Grammophon hatte meinem
Großvater gehört. Er hatte sich
dieselben Platten angehört. Jetzt
hörte sie sein Enkel.

Damals konnte ich mir
im Leben nichts Schöneres

denken, als diesem
Grammophon zu lauschen
wenn meine Eltern
nicht da waren.

Fans

Der Anruf kam um 1.30 Uhr.
Es war jemand aus Denver:

»Chinaski, Sie haben Fans
in Denver ...«

»So?«

»Ja. Ich mach eine Zeitschrift
und will ein paar Gedichte
von Ihnen ...«

»SCHEISS AUF CHINASKI!« hörte ich
eine Stimme im Hintergrund ...

»Ich sehe, Sie haben einen Freund«,
sagte ich.

»Ja«, sagte er. »Also, ich will
sechs Gedichte ...«

»CHINASKI IST NE NIETE! CHINASKI IST
DOOF!«
kam es von dem anderen.

»Habt ihr beiden getrunken?«
fragte ich.

»Na und?« antwortete er. »Sie trinken ja auch.«

»Das ist wahr ...«

»CHINASKI IST EIN ARSCHLOCH!«

Der Herausgeber der Zeitschrift sagte mir
die Adresse, und ich notierte sie mir
auf die Rückseite eines Umschlags.

»Also, schicken Sie uns ein paar Gedichte . . .«

»Ich werde sehn, was ich tun kann . . .«

»CHINASKI SCHREIBT STUSS!«

»Wiedersehn«, sagte ich.

»Wiedersehn«, sagte der
Herausgeber.

Ich legte auf.

Es gibt wirklich allerhand einsame
Menschen, die abends nicht viel
mit sich anzufangen wissen.

Eine tragische Begegnung

Damals war ich noch leichter für etwas
zu haben, und meine große Schwäche war
daß ich mir einbildete, ein Mann
der mit vielen Frauen ins Bett geht
wäre clever und gut und überlegen
vor allem, wenn er es im Alter
von 55 noch vielen Häschen
besorgt, also
stemmte ich Gewichte
trank wie verrückt
und machte
es.

Die meisten Frauen waren nett
und die meisten sahen auch gut aus
richtig dumm und öde waren nur
eine oder zwei. Jojo dagegen
kann ich überhaupt nicht einordnen.
Ihre Briefe waren dürftig, es
war immer dasselbe:
»Ich mag Ihre Bücher ... würde Sie
gern kennenlernen ...«
Ich schrieb zurück und
sagte ihr, es wäre
mir recht.

Dann kamen Anweisungen
wo ich mich mit ihr
treffen sollte:
vor einem College
an dem und dem Tag
um soundsoviel Uhr

gleich nach dem
Unterricht.

Das College lag in den Bergen.
Als der Tag kam und es Zeit wurde
fuhr ich los – mit einer
Straßenkarte und ihren Zeichnungen
von Serpentinen und
Abzweigungen.

Es war irgendwo zwischen der Rose Bowl
und einem der größten Friedhöfe in
Südkalifornien.
Ich kam zu früh und saß in meinem
Wagen, nippte an einer Flasche
Cutty Sark und sah mir die
Studentinnen an. Es waren
so viele – man konnte unmöglich
alle haben.

Dann klingelte es. Ich stieg aus
und ging zum Haupteingang. Dort
war eine große Freitreppe, und die
Studenten kamen heraus, die Treppe
herunter, und ich stand da und wartete –
es war wie in der Ankunftshalle
eines Flughafens: Ich hatte
keine Ahnung, welche
es sein würde.

»Chinaski«, sagte jemand
und da stand sie: 18, 19,
nicht schön und nicht häßlich
mit durchschnittlicher Figur
und auf den ersten Blick
weder intelligent noch dumm
weder verdorben noch irre.

Nach einem flüchtigen Kuß
fragte ich sie, ob sie ein
Auto hätte, und sie sagte ja
und ich sagte: »Gut, ich
bring dich hin, und dann
fährst du mir nach ...«

Das machte Jojo gut. Sie folgte mir
den ganzen Weg bis zu meinem
heruntergekommenen Bau in East
Hollywood.

Ich goß ihr einen Drink ein und wir
redeten sehr ödes Zeug und knutschten
ein bißchen.
Die Küsse waren nicht gut und nicht schlecht
weder interessant noch uninteressant.

Es verging viel Zeit, und
sie trank sehr wenig
und wir knutschten weiter
und sie sagte: »Ich mag
deine Bücher, sie geben mir
wirklich allerhand.«
»Scheiß auf meine Bücher!« sagte ich.
Ich saß inzwischen in der Unterhose da
und hatte ihr den Rock bis zum Hintern
hochgeschoben und mühte mich sehr ab
aber sie wollte nur küssen und
reden. Sie ging nicht
richtig mit.

Dann
gab ich es auf
und fing an, schwer zu
trinken.

Sie erwähnte ein paar andere
Autoren, die ihr gefielen
aber keiner von denen
gefiel ihr so wie ich.

»Aha.« Ich goß mir wieder einen
Drink ein. »Was du nicht sagst ...«

»Ich muß gehn«, sagte Jojo.
»Ich hab morgen früh Unterricht.«

»Du kannst hier schlafen«, schlug ich vor.
»Stehst halt ein bißchen früher auf. Ich
mach ein erstklassiges Rührei.«

»Nein danke. Ich muß gehn ...«

Und sie ging, mit einigen
Büchern von mir, die sie
noch nicht kannte – die
hatte ich ihr gegeben
als der Abend noch
jung war ...

Ich trank noch ein Glas
und beschloß, es als unerklärlichen
Verlust abzuhaken.
Ich knipste das Licht aus
und warf mich aufs Bett
ohne mich zu waschen
oder mir die Zähne zu putzen.

Ich starrte an die dunkle Decke
und dachte: Also über die
werde ich nie was schreiben
können: Sie war weder gut noch

schlecht, wirklich oder unwirklich,
nett oder unfreundlich; sie war nur
ein Mädchen aus einem College
irgendwo zwischen der Rose Bowl
und der Müllkippe.

Dann juckte mich was. Ich
kratzte mich, es schien was
auf meinem Gesicht zu sein,
dann am Bauch, ich atmete ein
und aus, versuchte zu schlafen
aber das Jucken wurde schlimmer
dann spürte ich einen Biß
und dann mehrere – etwas
schien auf mir zu krabbeln ...
Ich rannte ins Bad und
machte Licht –

mein Gott, Jojo hatte *Flöhe*.

Ich stellte mich in die
Duschkabine, drehte das
Wasser auf und
dachte:
Das liebe
arme
Ding.

Schwieriger Einstieg

Neuer Jockey, grade aus Arizona
eingetroffen, kennt sich in der Stadt
noch nicht aus, aber sein Agent
besorgte ihm letzten Samstag ein
Pferd im ersten Rennen
und der Jockey fuhr auf dem
Freeway rein, aber an dem Tag
war auch das Footballspiel
U.S.C. gegen U.C.L.A.
und er geriet auf eine der beiden
Spuren zur Rose Bowl und
mußte bis zum Parkplatz des
Football-Stadions fahren
bevor er wenden konnte.
Bis er zur Rennbahn kam
war das erste Rennen
vorbei.
Ein anderer Jockey hatte
mit seinem Pferd
gesiegt.

Als ich heute rauskam
sah ich im Programm, daß der
neue Jockey aus Arizona
ein gutes Pferd im
sechsten Rennen hatte.
Dann wurde das Pferd in letzter
Minute gestrichen.

Der Einstieg ins große
Geschäft ist manchmal
genauso schwer, als würde

man versuchen, in einem Tornado
einen hochzukriegen –
und selbst wenn man es schafft
hat niemand die Zeit
zum Hinschauen.

Das Aus für eine der besten
Ecken in der Stadt

Von der Western Avenue bog man
um die Ecke, ging eine Treppe hoch
und konnte sich einen blasen lassen.
Neben dem Eingang saß ein
wuchtiger Rocker mit einem Hakenkreuz
auf der Jacke. Der schnupperte
ob man von der Sitte war
und wenn mans nicht war
paßte er auf, daß man den
Mädchen nichts tat.
Es war direkt über dem
Philadelphia Hoagie Shop
dort in L. A.
und wenn die Mädchen nichts
zu tun hatten, kamen sie runter
um mal was anderes zu schlucken.
Der Mann vom Sandwich-Laden
haßte die Mädchen, und
am liebsten hätte er sich
geweigert, sie zu bedienen
aber er traute sich nicht.

Dann kam ich mal eines Tages
vorbei, und weder der Rocker
noch die Mädchen waren da.
Es hatte nicht wie sonst
eine Razzia gegeben
sondern eine Schießerei:
in der Tür am Ende der Treppe
sah ich die Einschußlöcher.

Ich ging runter in den
Hoagie Shop und bestellte
einen Sandwich und ein Bier
und der Inhaber sagte:
»Jetzt ist alles
besser.«

Dann mußte ich ein paar Tage
verreisen, und als ich
zurückkam und rüber zum
Hoagie Shop ging, sah ich
daß die Scheibe eingeschlagen
und mit Brettern vernagelt war.
Drinnen waren die Wände
und der Tresen
schwarz verkohlt.

Kurz danach drehte meine
Freundin durch und fing an
mit einem Mann nach dem
anderen zu
bumsen.

Fast alles Gute war beim
Teufel.
Ich kündigte meine Wohnung
zum Ende des nächsten Monats
und zog nach drei Wochen
aus.

Doch ein guter Haufen

Ich höre immer noch von den
alten Hunden: Männer, die
seit Jahrzehnten schreiben,
alles Dichter, sie sitzen
weiter an ihren Maschinen
und schreiben
besser denn je
trotz Ehefrauen und Kriegen
und Jobs und allem
was so passiert.
Viele konnte ich als Menschen
oder Künstler nicht leiden
doch ich übersah ihr
Stehvermögen und
ihre Fähigkeit
sich zu verbessern.

Diese alten Hunde
die in verräucherten
Buden hausen und zur
Flasche greifen ...

Sie dreschen auf das
Farbband – sie sind da
um zu kämpfen.

Verrenkungen um drei Uhr morgens

Das ist das Schlimmste:
du bist betrunken
sämtliche Feuerzeuge
sind leer
die Streichholzheftchen
aufgebraucht
Zigarettenkippen und
Zigarrenstummel überall.

Du findest ein Heftchen
in dem noch drei Papp-
dinger sind
aber an der abgenutzten
Reibfläche machen sie
schlapp.

Scheiße.
Trinken ohne Rauchen
ist wie Schwanz
ohne Pussy.

Du trinkst weiter
und suchst herum
findest zum Glück noch ein
Pappstreichholz und
schabst *vorsichtig* über
ein Stück Reibfläche
das noch nicht so
abgenutzt ist.
Es geht *an!*
Du kannst *rauchen!*

Du machst dir ne
Zigarette an
schnalzt das Streich-
holz Richtung
Aschenbecher
es geht vorbei
und auf einmal
brennt was –

Endlich: Alles geht
in FLAMMEN auf!

Eine Quittung von
American Express

ein paar von den leeren
Streichholzheftchen

sogar eins von den leeren
Feuerzeugen.

Die Flamme kreiselt und
züngelt
dann brennt der ganze
Aschenbecher
Kippen und Zigarren-
stummel qualmen
als würden Münder
daran paffen.

Du bekämpfst das Feuer
mit verschiedenen
Gegenständen, sogar
mit den Händen
und endlich ist die Flamme
aus, nur noch Rauch

in der Luft
und wie schon so oft
kommt dir der Gedanke:
Ich muß verrückt sein.

Du hörst die Stimme
deiner Frau:

»Ist was, Hank?«

Sie ist nebenan im
Schlafzimmer.

»Nein, schon gut ...«

»Es riecht nach Rauch ... brennt
das Haus ab?«

»Nur ein kleines Feuer, Linda ...
schon wieder aus ... schlaf weiter ...«

Sie war es, die dir
nach einem ähnlichen
Vorfall
den Papierkorb aus
Metall besorgt hat.

Schon bald
schläft sie wieder

und du suchst weiter
Streichhölzer.

Heimarbeit

Ah, die Tage
als ich sie nach-
einander durch mein
schäbiges Apartment
schleuste ...

Gott, ich war ein
haariges häßliches Ding
ich drängelte sie alle
aufdie Matratze und
fuchtelte und
machte.

Ich war der hirnlose
betrunkene Affe
in einer traurigen
und sterbenden
Nachbarschaft.

Doch am seltsamsten
war, daß immer
neue kamen. Es war
eine Parade von
Weibern, und ich
frohlockte
kobolzte und
tummelte mich
und hatte kaum
einen Schimmer
was das alles
sollte.

Das Schlafzimmer
mit seinen eigenartig
blauen Wänden
wurde für viele
ein Teil ihrer
Erinnerungen.

Die meisten Ladies
gingen kurz vor
Mittag –
grade so um die Zeit
wenn der Briefträger
kam.

Eines Tages sprach er
mich an: »Mann Gottes
wo kriegen Sie die
alle her?«

»Ich weiß nicht«,
antwortete ich ihm.

»Sie müssen entschuldigen«,
fuhr er fort, »aber Sie
sehen nicht grade aus
wie ein Geschenk Gottes an
die Frauen. Wie
machen Sie das nur?«

»Ich weiß nicht«,
sagte ich.

Und das stimmte auch:
Es lief eben so
und ich machte es
– in meinem blauen

Schlafzimmer
mit der besten Spitzen-
tischdecke meiner
toten Mutter als
Fenstervorhang.

Ich war ein
bumsfideler
Narr.

Doppelt gebraten

Irgendwie hatte er mich wieder
ausfindig gemacht. Jetzt hatte ich ihn
am Telefon, und er redete
von den alten Zeiten:
Was machen Michael und Ken und
Julie Anne? Und weißt du noch …?

Dann kamen seine heutigen
Probleme dran …

Er war arg redselig – schon immer
gewesen – und ich hatte
ihm zugehört.

Ich hatte zugehört, weil ich ihn
nicht kränken wollte
wie die andern damals
die einfach sagten:
Komm, hör doch auf.

Jetzt
war er wieder
da.

Ich hielt
den Hörer auf
Armeslänge von mir
und seine Stimme war
immer noch zu hören.

Ich gab das Telefon meiner Freundin
und sie hörte eine Weile zu –

schließlich nahm ich den
Hörer wieder und sagte zu ihm:

Hey, Mann, wir müssen Schluß machen.
Der Braten im Ofen brennt an!

Okay, Mann, sagte er, ich ruf dich
wieder an ...

(Eins wußte ich von meinem
alten Freund: Er hielt immer Wort.)

Ich ließ den Hörer auf die
Gabel fallen.

Wir haben gar keinen Braten im
Ofen, sagte meine Freundin.

Doch, sagte ich.
Mich.

Mord

Konkurrenzkampf, Gier nach Geld
und Ruhm – nach verheißungsvollem Auftakt
schreiben sie nur noch lustlos weiter
sie schreiben auf Bestellung, schreiben
für Cadillacs und jüngere Frauen –
und um Ex-Frauen abzustottern.

Sie treten in Talkshows auf, gehen mit
ihresgleichen auf Parties
die meisten gehn nach Hollywood
sie werden Intriganten und
Klatschbasen
und haben mehr und mehr Affären
mit immer jüngeren Frauen und/oder
Männern.
Zwischen Hollywood und den Parties
schreiben sie nach der Stoppuhr
und zwischen den Slips und/oder
Sackhaltern und
dem Kokain
bringen es viele fertig, mit dem
Finanzamt über Kreuz zu geraten.

Zwischen ehemaligen und neuen Frauen,
neuen und immer neueren Girls (und/oder)
verwandeln sich ihre Tantiemen und
sonstigen Einkünfte – Hunderttausende
von Dollars – plötzlich in
Schulden.

Das Schreiben wird zu einer
sinnlosen Zuckung
zum Verschleudern einer
einst großen Gabe.

Es passiert und passiert
und geht immer weiter:
Das Verschandeln eines Talents
das die Götter so selten
gewähren
und so rasch wieder
nehmen.

Was mach ich nur?

Es muß aufhören, daß wir uns mit den
wilden Rasern auf dem Freeway anlegen
und durch jede noch so schmale Lücke
donnern, während das Stereoradio durch
Mittag, Abend und Dunkelheit röhrt –
wenn wir doch in Wirklichkeit
nur in einem kühlen grünen Garten sitzen
und uns bei einem Drink
in Ruhe unterhalten wollen.
Was macht uns so? Schief eingewachsene
Zehennägel? Oder daß uns die Frauen
nicht genug sind? Welche Dummheit
treibt uns dazu, den Tod
immer wieder in die Nase zu zwicken?
Ist es die Angst vor der langsamen
Bettpfanne? Oder über halbgaren Erbsen
zu sabbern, die uns eine gelangweilte
Krankenschwester mit dicken dummen Beinen
ans Bett bringt?
Welcher leichtsinnige hirnrissige Impuls
läßt uns das Gaspedal durchtreten, mit nur
einer Hand am Lenkrad?
Können wir keinen Frieden darin finden
mit Anstand zu altern?
Was ist das für ein höllischer
Aufruf zum Krieg?

Wir sind der Abschaum der Menschheit.
Die besten Museen, große Kunst, Generationen
von Wissen – alles vergessen, und wir
finden es tief und bedeutend
Arschlöcher zu sein.

Wir werden enden
als beinahe lebensgroßes
Foto, das im Verkehrsgericht
als Warnung an der Wand hängt
und die Betrachter werden ein wenig
erschauern und dann wegsehen
und wissen:
Zuviel Egoismus
bringt es nicht.

Die Brücke von Arles

Van Gogh schnitt sich
das Ohr ab
und gab es einer
Prostituierten
die es angewidert
wegwarf.

Van: Huren wollen
keine Ohren
sie wollen
Geld.

Wahrscheinlich warst du
deshalb so ein großer
Maler: Du hast
sonst nicht viel
verstanden.

Was macht dein Herz?

In meinen schlimmsten Zeiten
auf Parkbänken
in Gefängnissen
oder wenn ich mit Nutten
zusammenlebte
blieb mir immer eine
gewisse Zufriedenheit –
ich würde es nicht
Glücksgefühl nennen
es war eher eine innere
Ausgeglichenheit
die mich alles nehmen ließ
wie es kam.
Das half mir
in den Fabriken
und wenn es
mit Frauen schief
ging.

Es half mir über den
täglichen Kleinkrieg
und die Katerstimmung
weg, über die
Schlägereien in Gassen
und die Krankenhäuser.

In einem billigen Zimmer
in einer fremden Stadt
aufzuwachen und das
Rollo hochzuschieben –
das gab mir eine ganz
verrückte Zufriedenheit;

und über die Dielen zu einer
alten Kommode mit einem
gesprungenen Spiegel zu gehen –
mich darin zu sehen, häßlich,
und über alles zu grinsen.

Das Entscheidende ist
wie gut man durchs
Feuer geht.

Vergiß es

Also paß auf, wenn ich sterbe, will ich
keine Tränen, sieh nur zu, daß ich
abgeräumt werde, ich hatte ein
erfülltes Leben, und wenn einer
eine Startvorgabe hatte, dann ich.
Ich hatte sieben oder acht Leben
in einem. Mehr kann man
nicht wollen.
Am Ende sind wir alle gleich
also bitte keine Reden
es sei denn, du willst sagen:
Er wettete auf Pferde
und darauf verstand er sich
sehr gut.

Du bist nach mir dran, und
ich weiß schon jetzt etwas
das du nicht weißt.
Vielleicht.

Charles Bukowski
Aus der Traum

Roman

Titel der Originalausgabe: *Pulp*
Deutsch von Carl Weissner

Leinen

Nick Belane, der Held von Charles Bukowskis letztem Roman, hat als Privatdetektiv mehrere absurde Fälle zu lösen. Witzig, spritzig, melancholisch, parodistisch, ist dieser spannende Roman ein selbstironisches Adieu des alten Mannes aus L. A.

Kiepenheuer & Witsch

Charles Bukowski im dtv

Foto: Richard Robinson

Gedichte die einer schrieb bevor er im 8. Stockwerk aus dem Fenster sprang
dtv 1653

Faktotum
dtv 10104

Pittsburgh Phil & Co.
dtv 10156

Ein Profi
dtv 10188

Das Schlimmste kommt noch oder Fast eine Jugend
dtv 10538

Gedichte vom südlichen Ende der Couch
dtv 10581

Flinke Killer
dtv 10759

Nicht mit sechzig, Honey
dtv 10910

Das Liebesleben der Hyäne
dtv 11049

Pacific Telephone
dtv 11327

Hot Water Music
dtv 11462

Western Avenue
dtv 11541

Hollywood
dtv 11552

Die Girls im grünen Hotel
dtv 11731

Roter Mercedes
dtv 11780

Der Mann mit der Ledertasche
dtv 11878

Neeli Cherkovski:
Das Leben des Charles Bukowski
dtv 11732

Oskar Maria Graf
im dtv

Die Chronik von Flechting
Kraftvoller Dorfroman, erzählt
aus dem 19. Jahrhundert
dtv 1425

Die gezählten Jahre
Packende Zeitgeschichte,
1934 im Exil entstanden
dtv 1545

Wir sind Gefangene
Ein Bekenntnis
Grafs Erlebnisse 1905 bis 1918
dtv 1612

Das Leben meiner Mutter
Grafs Mutter, eine einfache Frau
aus dem Volke
dtv 10044

Gelächter von außen
Aus meinem Leben 1918 bis 1933
dtv 10206

Kalendergeschichten
dtv 11434

Der harte Handel
Kriminalfall aus der bayrischen
Heimat
dtv 11480

Anton Sittinger
Politische Enthaltsamkeit gerät
zum Duckmäusertum
dtv 11855

Die Erben des Untergangs
Roman einer Zukunft
dtv 11880

An manchen Tagen
Reden, Gedanken und
Zeitbetrachtungen
dtv 11898

Jedermanns Geschichten
dtv 11899

Reise in die Sowjetunion 1934
dtv 71012

Jacques Roubaud
im dtv

Foto: Peter-Andreas Hassiepen

Die schöne Hortense
Roman · dtv 11665

Ein Kriminalroman, ein Liebes-
roman und ein Katzenroman.
Und zugleich die Parodie all des-
sen: ein Feuerwerk an Einfällen,
ein literarisches Puzzle, ein
Zahlenspiel. Schon das Verbre-
chen ist seltsam genug. Fünfund-
dreißigmal haben rätselhafte
Täter nachts ein Haushaltwaren-
geschäft überfallen, dreiundfünf-
zig Töpfe zu Fall gebracht, allen
Besen die Haare ausgerissen und
sämtliche Putzmittel zusammen-
gegossen. Keine leichte Aufgabe
für die Ermittler Blognard und
Arapède, zumal es da einen Kater
gibt – Alexander Wladimiro-
witsch –, der absichtlich die
Spuren verwischt.

Die Entführung der schönen Hortense
Roman · dtv 11725

Es ist Mitternacht. Die Kirch-
turmuhr von Sainte-Gudule
schlägt dreiunddreißigmal. Da
fällt ein tödlicher Schuß aus dem
Hinterhalt. Der Ermordete ist
Balbastre, der Hund des alten
Sinouls. Wenige Tage später
wird auf einem Ball die schöne
Hortense, die Geliebte des
Poldevenprinzen Gormanskoi,
entführt. Inspektor Blognard
und sein Gehilfe Arapède neh-
men die Ermittlungen auf,
unterstützt von einem poldevi-
schen Detektiv mit dem unaus-
sprechlichen Namen
Sheralockiszyku Holamesidjudjy.

Das Exil der schönen Hortense
Roman · dtv 11794

»»O nein!‹ dachte Hortense, ›not
again‹ (fügte sie in ihrer Ver-
wirrung und auf englisch inner-
lich hinzu); denn der Neuan-
kömmling, ein Prinz mit
Sicherheit, ein grüngekleideter
Prinz, sah Gormanskoi zum
Verwechseln ähnlich; er glich
ihm so sehr, daß ihr davon
schwindlig wurde; war er der
Gute? War er der Böse? Ihr
Instinkt sagte ihr nichts, ihre
Liebe schickte ihr keine eindeuti-
ge Botschaft.« Gerade erst einer
Entführung entkommen, gerät
die schöne Hortense durch die
Machenschaften des Prinzen
Augre auch im poldevischen Exil
wieder in Gefahr.

Sylvie Germain:

Das Buch der Nächte

»Es beschäftigt mich nicht nur die Gewalt des Krieges, Gewalt gibt es auch in der Liebe, im Besitzdenken, bei der Eifersucht. Eine Form der Gewalt, die ich in meinem neuesten Buch nochmals aufgegriffen habe, ist der Inzest. Jeder weiß, daß dies passiert, aber die Gesellschaft will nicht, daß man darüber spricht. Diese Gewalt, finde ich, ist das Abscheulichste, was es gibt…« (Sylvie Germain in RIAS, Berlin)

»Vitalie Péniel hatte sieben Kinder zur Welt gebracht, aber die Welt erwählte nur eines von ihnen – das letzte. Alle anderen waren am Tag ihrer Geburt gestorben, ohne sich auch nur die Zeit genommen zu haben, einen Schrei auszustoßen. Das siebente indes schrie schon vor seiner Geburt.« Der Junge, der da zur Welt kommt, wird Fluß- schiffer auf der Schelde wie seine Vorfahren – ein friedliebender Mensch, den der Krieg von 1870/71 zum Ungeheuer werden läßt. Seinen Sohn Victor- Flandrin verschlägt es nach dem Tod des Vaters ins abgelegene Vorland der Ardennen. Er wird Landwirt und eine Art moderner Hiob. Drei Frauen sterben ihm, die vierte, die österreichische Jüdin Ruth, wird seine große Liebe, aber sie überlebt den Nazi-Terror nicht. Vor dem Hintergrund der europäischen Geschichte bis zum Ende des Zweiten Weltkrieges erfüllt sich ein Schicksal von biblischer Wucht.

dtv 11770

»Eine Familiensaga verschlun- gener Schicksale, verwurzelt im unergründlichen, ja unheim- lichen Mythos der Generationen. Mit geradezu unerschöpflicher Phantasie erfindet die Autorin Lebenswege individueller Ein- maligkeit und Symbolkraft.« (Waltraud Jänichen in der ›Berliner Zeitung‹)

Matt Ruff:

Fool on the Hill

Nicht zu fassen, was an amerikanischen Universitäten alles passiert, jedenfalls wenn man diesem haarsträubenden Campus-Roman glauben darf, in dem der junge Schriftsteller S. T. George einen Drachen steigen läßt und sich in die schönste Frau der Welt verliebt, der Kobold Puck der Elfe Zephyr nachjagt und Blackjack und Luther in den Himmel für Katzen und Hunde aufbrechen. Ein Märchen? Eine Love-Story? Ein Heldenepos für Freunde von Hobbits und Kobolden? Eine Shakespeare-Parodie? Ein Schauerroman? All das und noch viel mehr ist der »Narr auf dem Hügel«.

dtv 11737

**Matt Ruff:
Fool on the Hill
Roman**

dtv

Heinrich Böll
im dtv

Foto: Isolde Ohlbaum

Heinrich Böll:
Billard um halbzehn
Roman

Heinrich Böll:
Irisches
Tagebuch

dtv

Frauen vor Flußlandschaft
Roman · dtv 11196

Eine deutsche Erinnerung
Interview mit René Wintzen
dtv 11385

Rom auf den ersten Blick
Landschaften · Städte · Reisen
dtv 11393

Nicht nur zur Weihnachtszeit
Erzählungen · dtv 11591

Unberechenbare Gäste
Erzählungen · dtv 11592

Entfernung von der Truppe
Erzählungen · dtv 11593

**Die verlorene Ehre der
Katharina Blum oder:
Wie Gewalt entstehen und
wohin sie führen kann**
Erzählung
dtv großdruck 25001

**Heinrich Böll zum
Wiederlesen**
dtv großdruck 25023

**In eigener und anderer Sache
Schriften und Reden
1952 – 1985**
9 Bände in Kassette · dtv 5962
In Einzelbänden
dtv 10601 – 10609

Heinrich Böll /
Heinrich Vormweg:
**Weil die Stadt so fremd
geworden ist ...** · dtv 10754

NiemandsLand
Kindheitserinnerungen an die
Jahre 1945 bis 1949
Herausgegeben von Heinrich
Böll · dtv 10787

Über Heinrich Böll:
**In Sachen Böll – Ansichten
und Einsichten**
Herausgegeben von Marcel
Reich-Ranicki · dtv 730

Marcel Reich-Ranicki:
**Mehr als ein Dichter
Über Heinrich Böll**
dtv 11907

J. H. Reid:
Heinrich Böll
Ein Zeuge seiner Zeit
dtv 4533

»Es ist wieder Zeit, Männer zu mögen.«

Margaret Atwood

MannsBilder
Von Frauen

MannsBilder
Von Männern

**MannsBilder
Von Frauen**
Originalausgabe
dtv 11720

»MannsBilder« – gesehen
von Frauen, zum Bei-
spiel von Isabel Allende,
Margaret Atwood,
Gioconda Belli, Benoîte
Groult, Elke Heidenreich,
Tama Janowitz, Elfriede
Jelinek, Erica Jong, Esther
Vilar, Christa Wolf u. a.

**MannsBilder
Von Männern**
Originalausgabe
dtv 11721

»MannsBilder« – gesehen
von Männern, zum Beispiel
von Madison Smartt Bell,
Robert Bly, Heinrich Böll,
Ernest Bornemann, Bruce
Chatwin, J. W. Goethe,
Sam Keene, Erich Loest,
Klaus Theweleit, Wolfram
von Eschenbach u. a.